La Globalización y su Cumplimiento Profético

José Zapico

Carisma

Publicado por
Editorial **Carisma**
Miami, Fl. 33172
Derechos reservados

Primera edición 2000

© 1999 por José Zapico
Derechos reservados
Ninguna parte de esta publicación podrá ser reproducida,
procesada en algún sistema que la pueda reproducir, o transmitida
en alguna forma o por algún medio —electrónico, mecánico,
fotocopia, cinta magnetofónica u otro— excepto para breves citas
en reseñas, sin el permiso previo de los editores.

Cubierta diseñada por: Osvaldo González
Las fotografías en este libro fueron proporcionadas por José Zapico

Citas bíblicas tomadas de la Santa Biblia, revisión 1960
© Sociedades Bíblicas Unidas
Usada con permiso.

Las opiniones expresadas por el autor de este libro
no reflejan necesariamente la opinión de esta Editorial.

Producto 550148
ISBN 0-7899-0822-0
Impreso en Colombia
Printed in Colombia

Contenido

Dedicatoria 5
Prefacio 7
Introducción 11

Capítulo 1
Una única moneda 15
Capítulo 2
Se establece una nueva moneda en el mundo 25
Capítulo 3
El euro y su establecimiento en la Unión Europea 43
Capítulo 4
Seguridad en las huellas 69
Capítulo 5
El fin del dinero en efectivo se acerca 95
Capítulo 6
Estremecimiento global 121
Capítulo 7
La Globalización en el marco profético 131
Capítulo 8
El porqué de la marca en la frente 139
Capítulo 9
Sellado por Dios o alcanzado por la marca 159

Dedicatoria

Quiero dedicar este libro a mi Señor y Rey Jesucristo, dando gracias a Dios, por habernos llamado a servirle cada día, derramando de continuo en el ministerio que Él nos ha otorgado, la unción poderosa del Espíritu Santo.

A mi esposa Lidia, por ser una fiel sierva del Señor y ayuda idónea, por su continua y abnegada labor en el santo ministerio, trabajando juntos en la tarea más preciosa que se nos ha encomendado, predicar el evangelio a las naciones.

A mis hijos Esteban y Josías, que son un regalo de Dios para nosotros.

Y a toda nuestra familia, que es motivo de acción de gracias a Dios, porque todos le sirven en el ministerio.

Prefacio

En un periódico de España, con fecha diciembre del año 1999, se publicó el siguiente artículo con el título: "PREDICCIONES 2000" presentado por treinta científicos y académicos, que profetizaron sobre el III Milenio.

"Es lo más destacado de las predicciones, que treinta sobresalientes científicos, economistas e investigadores de todos los campos han realizado como ejercicio intelectual. Todos ellos describen para este milenio un panorama más bien pesimista y oscuro. Se palpa la sensibilidad, explican en todas las profecías que la humanidad tendrá que luchar y luchar, para poder avanzar, pero con un presentimiento de tragedia inminente siempre presente".

Lamentablemente tengo que confesar que esta crónica me ha causado una gran decepción, pues esperaba algo más positivo y bueno relacionado con este tema, por tratarse de un grupo tan selecto de hombres de ciencia.

La verdad es que no aportaron nada nuevo, ni nada importante o bueno. Esto nos recuerda la situación crítica que pasaron los discípulos de Jesús cuando éste les ordenó dar de comer a toda aquella multitud, a lo que ellos contestaron:

Jesús les dijo: No tienen necesidad de irse; dadles vosotros de comer. Y ellos dijeron: No tenemos aquí sino cinco panes y dos peces.

Mateo 14:16-17.

El hombre sin Dios está completamente vacío, nada puede ofrecer a un mundo que nos rodea, el cual está esperando una mano que lo levante y una voz que le dé aliento.

Pero alabado sea Dios, por hombres que Él está levantando en esta hora y que nos pueden señalar los tiempos proféticos que estamos viviendo, transmitiéndonos un mensaje de respuesta y esperanza.

Un nuevo libro ha llegado a nosotros, escrito por el reconocido evangelista internacional el Dr. José Zapico, que sin duda alguna está lleno de bendición por su contenido de revelación profética para nuestros días, quizás los más críticos en nuestra historia.

Estamos seguros que así como los otros libros anteriores que el Señor le ha permitido escribir, han edificado nuestras vidas en una forma directa, lo será asimismo éste que lleva por título "La globalización y su cumplimiento profético".

Algo que quiero destacar del Dr. José Zapico es que es un escritor a tono con los acontecimientos mundiales, y siempre observándolos desde una perspectiva completamente bíblica y profética, lo cual da más valor a todas sus enseñanzas, en estos tiempos de tanta confusión.

Podemos afirmar según la Palabra Santa y Verdadera:

Cuando el pecado abundó, sobreabundó la gracia.

Romanos 5:20

Es cierto que en este nuevo milenio la humanidad tendrá que luchar mucho para poder subsistir, pero también es cierto que el pueblo de Dios siempre llevará ventaja pues:

Tenemos también la palabra profética más segura, a la cual hacéis bien en estar atentos como a una antorcha que alumbra en lugar oscuro, hasta que el día esclarezca y el lucero de la mañana salga en vuestros corazones.

2 Pedro 1:19

Querido lector, te animo a que leas atentamente este libro y descubrirás a través de sus capítulos un estudio de sumo interés actual, que sin duda alguna te servirá para enriquecer tu mente y lo más grande, para que tu vida total sea bendecida y fortalecida, entendiendo que en Jesucristo tu futuro y destino eterno están asegurados.

Pastor Ramiro Ronsano
Terrassa - Barcelona - España
Enero 2000

Introducción

Es importante que puedas observar la hora en que nos ha tocado vivir, desde una panorámica profética.

Por medio de la inspiración divina de la Palabra de Dios, es que podrás descubrir los detalles de varios acontecimientos que ya se han hecho realidad confirmada por los grandes medios de comunicación e informaciones internacionales.

Los grandes bloques de mercados internacionales y el control que se está llevando a cabo en la economía mundial, es parte del engranaje de la Globalización.

El desarrollo acelerado del sistema de control mundial por medio de la actual tecnología moderna que da vida y poder al más sutil y revolucionario sistema de mercadeo e información mundial, es sin duda alguna lo que nos viene anunciando, que frente a nosotros se viene levantando una gigantesca plataforma para llevar a cabo todo lo relacionado a la más grande unificación de las naciones.

La tecnología biométrica, que facilita formas más estrictas y organizadas de control en todos los aspectos de la vida diaria, por medio de nuevas marcas de identificación que no hace otra cosa, sino traer a la memoria la realidad profética de Apocalipsis 13.

La llegada del año 2000, y el ingreso de un nuevo milenio, nos lleva a mirar más adelante y observar a lo que tiempo atrás no estábamos acostumbrados a ver y oír. El ingreso a este nuevo milenio supone y representa para millones de personas, ansiedad, temores, desconfianza e inseguridad, más para la Iglesia de Jesucristo esto representa profecías cumplidas.

¿Es que acaso el mundo no se da cuenta, que estamos siendo testigos del más grande e impactante movimiento profético que la Biblia nos ha revelado hace tiempo y que sucedería en estos días?

En realidad hoy no solo podemos ver el avance con relación al sistema globalizado, sino que también todo lo que tenga que ver con la plataforma de la gran maquinaria tecnológica que para ello se esta desarrollando.

Todo esto nos va indicando, que el mundo esta siendo encaminado, a una mayor estructura de cambios totales en los aspectos de la vida diaria, esto no solo lo es en la política, economía y religión sino también en la manera que la vida del ser humano es acondicionada para aceptar nuevos mecanismos y formas nuevas y diversas cada día.

Hablar de marcas y sistemas de control de alta tecnología, ya no es algo del futuro, sino todo lo contrario, algo que está rodando por todo el planeta tierra y que está aquí ahora. Por esta razón quiero resaltar como todo esto tiene un desarrollo total dentro del marco profético.

Globalización, moneda única, tecnologías biométricas, huellas de alta seguridad, cambios en las estructuras económicas, camino a la desaparición del dinero en efectivo, tarjetas inteligentes, barras de códigos, todo esto y mucho más es el camino para en un futuro establecer definitivamente lo que la Biblia ha indicado, "La marca" sobre los humanos.

Aunque es necesario destacar que paralelamente a la preparación de la marca, hay un sello que Dios ha establecido desde tiempos antiguos, para establecer la diferencia tal como lo menciona el profeta Malaquías:

Entonces os volveréis, y discerniréis la diferencia entre el justo y el malo, entre el que sirve a Dios y el que no le sirve.

Malaquías 3:18

Te animo ha que leas este libro que Dios me ha permitido escribir, para que puedas entender el tiempo que estamos viviendo y de que manera tan real su Palabra se cumple ante nuestros propios ojos.

Capítulo uno

Una única moneda

Con el comienzo de un nuevo milenio y al punto de comenzar un nuevo siglo, se observa en el horizonte económico tres grandes bloques que impondrán sus reglas en cada una de sus respectivas zonas de influencia.

Las economías más fuertes con sus respectivas monedas, el dólar, el euro y el yen, tratarán de imponerse la una a la otra en lo que será la lucha de intereses más desafiantes del futuro cercano y próximo.

Nada más ver algunas cifras nos determinan cómo Europa puede realmente proyectarse sobre el mundo como el resurgimiento del gran Imperio Romano y convertirse así en la directora de los acontecimientos mundiales, de acuerdo a como lo han declarado las profecías bíblicas.

Los primeros once países del euro emiten bonos por más de veinte billones de dólares y sus bolsas mueven unos 2.5 billones de dólares al año.

Su producto interno bruto alcanza a los 6.4 billones de dólares y su balanza comercial se estima en los 100 mil millones de dólares del lado europeo, 540 mil millones de dólares en exportaciones, contra 460 mil millones en importaciones, teniendo unas reservas en divisas por 220 mil millones de dólares y la renta per cápita es de 17 mil dólares, la inflación un 2.4 por ciento.

O sea, este es el esfuerzo de una unificación más ambiciosa, porque firman la paz los países que una vez se hicieron la guerra.

Aparentemente todo esto son noticias muy agradables a los oídos de todos los humanos, sin embargo, atención, esto es la preparación de la gran escenografía de los últimos días, tal como Dios lo ha anticipado por medio de sus revelaciones proféticas.

La Unión Europea llega a la meta al establecer una moneda única; el euro, que debe en parte su nacimiento a la unificación alemana y al celo de los socios europeos por poner un estado de control al poder económico representado por el Bundesbank.

El euro es la moneda única de la Unión Europea (UE), aprobada por el tratado de dicha Unión, es notable con qué rapidez se viene llevando a cabo todo esto, la mayoría de los países han decidido unirse a la zona del euro lo más inmediato posible, ya que según ellos creen, esto hará bien a la estabilidad de la economía.

El Consejo Europeo se ha reunido en Helsinki los días 10 y 11 de diciembre de 1999, y ha adoptado la declaración del Milenio. Asimismo ha tomado una serie de decisiones que marcan una nueva etapa en el proceso de ampliación.

Por lo tanto han corroborado la importancia del proceso de ampliación que se inició en Luxemburgo en diciembre de 1997, para la estabilidad de todo el continente europeo.

El Consejo Europeo ha reiterado el carácter global del proceso de adhesión, que incluye ahora trece Estados candidatos con un único marco. Los Estados candidatos participan en igualdad de condiciones en el proceso de adhesión.

La Unión Europea por lo tanto a partir del año 2002 debería estar en condiciones de acoger nuevos Estados miembros, los cuales figuran en la lista como los siguientes: Chipre, Hungría, Polonia, Estonia, La República Checa, Eslovenia, Rumania, Eslovaquia, Letonia, Lituania, Bulgaria, Malta y Turquía.

Todo esto indica que el actual proceso de mundialización aumenta la competencia y la necesidad de llevar a cabo innovaciones y reformas de estructuras.

La Unión Europea y todos los Estados miembros están promoviendo activamente un uso más extendido de las nuevas tecnologías y así desarrollar la sociedad de la información para establecer una mayor unificación. La aplicación efectiva de las tecnologías de la información y la comunicación desempeñan un papel importante en economía y competencia mundial.

Por lo tanto Europa quiere establecer una prioridad en la sociedad de la información. Un mercado electrónico que funcione correctamente requiere un mercado de las telecomunicaciones abierto y competitivo, todo esto con el propósito de establecer mas rápidamente su única moneda.

La Unión Económica y Monetaria es la culminación de un proceso que se inició hace cuarenta años, al firmarse el Tratado de Roma en 1957. La prioridad de esta decisión fue impulsar una integración económica, política y comercial cada vez mayor en toda Europa.

Los defensores de la Unión Monetaria seguían confiando en que el euro llegaría, de acuerdo con lo previsto, el 1 de enero de 1999.

En diciembre de 1995, el Consejo Europeo en Madrid decidió un plan en tres fases para la introducción de la moneda única.

La primera etapa de la Unión Económica y Monetaria (UEM), definida en el Tratado de la Unión Europea, se inició incluso antes de que éste entrase en vigor.

La Unión Monetaria y Económica Europea se hará una realidad total en el año 2002, de esta fecha en adelante todos los países que integren la Unión Europea podrán utilizar una única moneda.

El euro será parte de la vida diaria de todos los europeos a partir del 2002, cuando éste empiece a circular en monedas y billetes. Aunque cabe destacar que desde el 1 de enero de 1999, el euro ya es una moneda de curso totalmente legal, la cual está siendo utilizada en todos los mercados y sistemas financieros, adoptándolo las diferentes empresas, estas fueron las declaraciones del Parlamento Europeo:

> A partir del 1 de enero de 1999 se inicia la unión monetaria europea con once Estados miembros de la Unión Europea. El euro acrecentará la estabilidad financiera y económica en Europa, factor de importancia capital para el porvenir del continente y las futuras generaciones de europeos. El peso político y económico de la zona del euro contribuirá a la estabilidad monetaria no sólo interna, sino también externa. El euro respaldado por un espacio económico de casi 300 millones de habitantes con un potencial económico equivalente al 19.4 por ciento del PIB mundial y una participación del 18.6 por ciento en el comercio global, será una moneda estable que gozará del reconocimiento y credibilidad en todo el mundo, por lo que puede convertirse muy rápidamente en la segunda moneda de reserva e intercambio a escala internacional. Integrada por socios sólidos y con un Banco Central Europeo independiente, la unión monetaria europea será una comunidad caracterizada por la estabilidad.

Con la introducción del euro, la Unión Monetaria contribuye a un perfil y a una identidad europeas tangibles. Necesitamos a Europa para poder hacer frente a los desafíos del siglo XXI. Por sí solo, ningún Estado nacional puede ya encontrar y poner en práctica soluciones para los problemas económicos, sociales y ecológicos de nuestra época. Como muestra la crisis asiática, los movimientos especulativos y las convulsiones cambiarias, tienen efectos negativos tanto a nivel macroeconómico como para la política de empleo. La unión económica y monetaria ofrece la oportunidad de recuperar, a nivel de la Unión Europea, la soberanía perdida por los Estados naciones en los mercados financieros globalizados. La propia Europa será, gracias al euro, menos vulnerable a las especulaciones monetarias y podrá contener la incidencia de las perturbaciones cambiarias en la actividad económica.
El euro llega en el momento adecuado. No desaprovechemos esta oportunidad. A fin de cuentas, el euro nos pertenece a todos.[1]

Todo comenzó tras un primer impulso político en 1969, el presidente del gobierno luxemburgués, Pierre Werner, pudo presentar en 1972 a los estados miembros de dicha comunidad europea, el primer plan de unión monetaria que debería haber entrado en vigor en 1980.

Un proyecto monetario compuesto por las divisas de los países miembros fue creado en 1974, pero el proyecto de unión monetaria debió ser abandonado al producirse la primera crisis del petróleo en 1974, que había provocado la entrada y salida de varias monedas del recién creado sistema.

Esta primera experiencia sirvió para establecer un segundo proyecto monetario, que al transcurrir el tiempo resultó un éxito.

El Sistema Monetario Europeo creado en 1978 por iniciativa del presidente francés Valery Giscard y del canciller alemán Helmut Schmidt, sigue hoy en pleno funcionamiento.

El SME creó, además **el ecu,** la unidad de cuenta europea, una moneda expresada por un valor establecido por las monedas nacionales de los Estados miembros, en la que se expresaban las cuentas del presupuesto comunitario y que desde ese momento se consideró el embrión de la futura moneda única, lo cual más tarde se llamaría **euro.**

Por lo tanto el euro es una serie de circunstancias económicas y políticas que condujeron a un impulso de integración comunitaria, en el nuevo Tratado de Maastrich aprobado en diciembre de 1991.

La creación del Mercado Único Europeo, se llevó a cabo con la eliminación total de las barreras comerciales y las fronteras internas de la Comunidad Europea, a la circulación de bienes, capitales y personas, culminándose el 1 de enero de 1993.

El temor europeo a una Alemania unificada volcada hacia el este de Europa, hizo que los Estados miembros del Mercado Común Europeo, hoy llamado **Unión Europea,** establecieran el nuevo plan para llegar a la unión monetaria en tres fases sucesivas de integración económica progresiva.

El período de transición

El 1 de enero de 1999 se fijaron irrevocablemente los tipos de conversión entre el euro y las monedas de los Estados miembros participantes. El euro se convirtió en moneda de pleno derecho, y las monedas nacionales en otras tantas expresiones del euro.

El BCE asumió la responsabilidad de la política monetaria de los países participantes. Los gobiernos comenzaron a emitir deuda en euros, y a convertir la ya existente a la moneda única. El sector financiero y los sistemas de pagos al por mayor comenzaron también a operar en euros.

El período comprendido entre el 1 de enero de 1999 y el 31 de diciembre del 2001 se ha denominado el período de transición. Durante este período, las monedas nacionales cohabitaran con el euro; sin embargo, todos los pagos en efectivo que se realicen durante este período deberán hacerse en las monedas nacionales, ya que el euro sólo existirá como marco de referencia.

La última de la tercera etapa, comenzará el 1 de enero del 2002 y durará un período máximo de seis meses. Durante esta última etapa entrará en circulación el euro en los países participantes: se convertirá en la única moneda, y las monedas nacionales serán retiradas progresivamente y cambiadas por billetes y monedas denominados en euros.

Todos los activos monetarios, expresados aún en unidades de cuenta nacionales, deberán ser convertidos a euros durante este período, que finalizará a más tardar el 1 de julio del 2002.

Para entonces habrá finalizado la transición y el euro será la única moneda de la UEM, a efectos tanto legales como económicos. Las antiguas monedas nacionales no tendrán ya valor legal, aunque todavía se podrán cambiar en los bancos centrales durante algunos años.

Para operar en el entorno del euro, se tendrán que efectuar numerosos cambios, incluida la adaptación de las etiquetas de precios, los envases y rótulos, las cajas registradoras, las balanzas, los expendedores automáticos, los sistemas de pago, los sistemas informáticos, los vínculos electrónicos, los códigos de barras y escáner, los documentos comerciales y las facturas.

El período de transición establecerá retos estratégicos únicos: en teoría, las personas y empresas decidirán esperar a operar en euros hasta una fecha cercana al 1 de enero del año 2002.

LA GLOBALIZACIÓN Y SU CUMPLIMIENTO PROFÉTICO

Monedas de Euro

La Unión Europea confía en las ventajas que tiene la única moneda.

La Unión Europea está plenamente convencida de que las ventajas del euro: más crecimiento, más competencia y más empleo, disiparán muy pronto los peligros que ven en la moneda única algunos de los que quedaron fuera.

El euro es, la consecuencia de cuarenta años de integración de las economías de Europa occidental que han desembocado en el mayor mercado sin fronteras del mundo. Con sólo seis por ciento de la población mundial, la futura zona euro (once de los quince países de la U.E) representará una quinta parte de la riqueza del mundo.

Para que el potencial del mercado europeo se desarrolle plenamente, es necesario una divisa común que disminuya los costes de transacción, proporcione una mayor seguridad en el comercio, anulando así las presiones especulativas en los mercados de cambios.

Esta moneda única facilitará la comparación de los precios entre los países, lo que aumentará la competencia entre empresas y las compras e inversiones transfronterizas.

Una primera consecuencia positiva del programa de la única moneda es el saneamiento evidente de las economías de los quince países.

A cambio, la consecuencia más drástica del euro será la pérdida irreversible de soberanía para los Estados miembros participantes, en materia de política monetaria.

Desde el 1 de enero de 1999, ya quedaron fijados los tipos de cambios, lo que no hará posible que las autoridades puedan recurrir ya a las devaluaciones de la moneda nacional para contrarrestar el efecto de una mayor inflación o compensar las consecuencias de crisis regionales.

También se producirá una pérdida relativa de soberanía en el ámbito fiscal, ya que las economías nacionales tendrán que respetar las estrictas condiciones de convergencia y estabilidad aprobadas por la UE.

No se debe de olvidar que la economía europea se basa actualmente en un único mercado y de acuerdo a las declaraciones, este mercado único funcionará en forma mucho más efectiva con una sola y única moneda.

Todo esto hace que el proceso de unidad económica, se acelere cada día, transformando la economía global, en las futuras estructuras para el establecimiento de un gobierno mundial tal como lo han declarado las profecías bíblicas.

Capítulo dos

Se establece una nueva moneda en el mundo

La única moneda de la Unión Europea se llama euro, esta moneda nació de acuerdo a lo pactado en el tratado de Europa, el 1 de enero de 1999 y los billetes empezarán a circular progresivamente en todo Europa.

A partir de la fecha indicada se ha hecho efectiva la unión monetaria, adquiriendo un estatuto legal y jurídico, llevándose a cabo los siguientes pasos:

1. La fijación de los tipos de cambio irreversibles para las monedas nacionales.
2. Toda la política monetaria europea se debe de realizar en euro.
3. Las operaciones exteriores sólo se pueden hacer en euro.
4. Ya entró en funcionamiento el sistema de pagos europeo Target en euro.
5. En estos momentos ya existe un sistema de conversión automático.
6. Todas las entidades financieras y bancarias están siendo adaptadas a la introducción del euro.

7. Todos los mercados están siendo configurados para operar con la nueva moneda.
8. Todas las empresas y particulares tienen la libertad de utilizar el euro.

Desde el 1 de enero de 1999, se están implantando los siguientes acuerdos a lo que ya estaba pactado por las naciones de Europa:

1. Introducción de las nuevas monedas y billetes en euro.
2. Progresiva retirada de las monedas y billetes nacionales en circulación.
3. Uso exclusivo del euro en toda la vida cotidiana.
4. Las antiguas monedas nacionales perderán su valor legal.
5. Los bancos centrales cambiarán los antiguos billetes de las monedas nacionales por los nuevos billetes de la moneda única.

Todo esto permitirá que el viejo sueño de poder comerciar y viajar con una sola divisa europea y en un futuro cercano mundial, estará pronto al alcance de todos.

La sustitución de quince monedas por una sola constituye un sistema de gran complejidad, para los cuales no existen precedentes en cualquier tiempo de la historia.

La abreviatura oficial del euro es "EUR". Se ha registrado en la Organización de Normalización Internacional y se utilizará en todas las operaciones empresariales, financieras y comerciales, del mismo modo en que se emplean actualmente los términos F (franco francés), DM (marco alemán), £ (libra esterlina) y FB (franco belga).

El símbolo de la nueva moneda única es una E, cruzada por dos trazos paralelos horizontales claramente marcados. Se inspira en la letra griega *épsilon*, en referencia a la cuna de la civilización europea y a la primera letra de la palabra *Europa*.

El doble trazo horizontal representa la estabilidad del euro. Este símbolo es fácilmente reconocible y dentro de pocos años será tan popular como el del dólar ($).

Como abreviatura, resulta muy práctico y pronto aparecerá en todos los tableros de las computadoras y en todos los sistemas automatizados que se continúe empleado en todo el movimiento de la economía global.

El pago con euros será igual al pago con las monedas nacionales, con la única diferencia de que se utilizarán nuevos billetes y monedas.

La diferencia real podrá apreciarse al viajar a otros países de la zona euro. Desaparecerá el cambio, lo cual significa que dejarán de pagarse comisiones por el cambio y dejará de perderse tiempo en comparar precios y buscar el mejor tipo de cambio.

El mercado único europeo, cuyo objetivo es la libre circulación de las personas, las mercancías, los servicios y los capitales dentro de la Unión Europea, es uno de los elementos básicos de la Unión Económica y Monetaria. La Unión Económica y Monetaria es el complemento natural e indispensable del mercado único. Con una sola moneda europea, el mercado único funcionará mejor.

La Unión Económica y Monetaria constituye una necesidad económica. Es el complemento natural del mercado único. Este mercado, cuyo objetivo es la libre circulación de las personas, mercancías, servicios y capitales.

La Unión Europea, no puede desarrollar con facilidad todos sus efectos positivos con los costes de transacción relativamente elevados que acarrea la conversión de las monedas y las incertidumbres relativas a la inestabilidad de los tipos de cambio.

Con la moneda única, estos costes e incertidumbres desaparecerán. Se estimulará el crecimiento, se consolidará la estabilidad internacional y los bancos centrales participantes ejercerán, junto con el Banco Central Europeo, una nueva soberanía monetaria común, es decir, una responsabilidad compartida y eficaz respecto a la gestión de la que será una de las monedas más fuertes del mundo.

En general, la moneda única reforzará la unidad europea y constituirá un factor de estabilidad, paz y prosperidad, de acuerdo a las declaraciones de sus propios gobernantes.

La Unión Económica y Monetaria es el compromiso central elaborado en el Tratado de Maastricht.

Hoy en día, cuando los intercambios comerciales entre los Estados miembros de la Unión alcanzan 60% del total de su comercio, la realización del mercado único requiere un componente esencial: el euro.

El Tratado está concebido para que la moneda europea pueda llegar a ser una de las más estables del mundo. Creando una base económica y una base monetaria fuerte y equilibrada. Establece un objetivo de moneda común y prevé un calendario realista y preciso para la consecución de este objetivo.

El Tratado define las condiciones de participación en la moneda única. Se trata de los llamados "criterios de convergencia", que son, en realidad, principios de una política económica cada vez más globalizada.

El respeto de las condiciones de participación en el euro no constituye simplemente una prueba que califique para una posible adhesión, sino un compromiso de los participantes de mantener una política económica estrechamente unida y con una mayor intensidad de control.

La Unión Económica y Monetaria se basa en dos conceptos: la coordinación de las políticas económicas y una institución monetaria independiente, el Sistema Europeo de Bancos Centrales.

El Consejo de Ministros de Economía y Hacienda que reúne a los ministros de Economía y Hacienda de los

Estados miembros es el encargado de definir las directrices generales en materia de política económica. Puede presionar a los Estados participantes para que respeten sus compromisos presupuestarios.

El Sistema Europeo de Bancos Centrales englobará a los bancos centrales de los Estados miembros y al Banco Central Europeo (BCE). El BCE es un órgano independiente y no puede recibir instrucciones por parte de los Estados miembros ni de las instituciones europeas.

En realidad, una moneda europea única mejorará la estabilidad global, reduciendo la incidencia de las fluctuaciones monetarias externas y equilibrando el sistema monetario internacional.

Dada la extensión de la zona euro, se prevé que el euro desempeñe un papel importante como divisa internacional. Como moneda de facturación comercial, el euro ampliará su papel más allá de las relaciones comerciales directas.

El Banco Central Europeo determinó que el euro cumplirá una función destacada en las carteras de valores mundiales y como moneda de reserva principal.

Son las aspiraciones de la Unión Económica y Monetaria poder transformar el sistema económico unipolar, en el cual el dólar americano desempeña un papel central, en otro tripolar, en donde participen tres monedas o sea el euro, dólar y yen. Por tanto, la creación del euro pretende establecer una nueva y diferente situación económica internacional y fomentar el comercio a esta escala.

En primer lugar, la Unión Económica y Monetaria quiere establecer un compromiso permanente fiscal y monetaria sostenible entre los Estados miembros de la Unión Europea, convirtiéndola en una fuerza en la economía mundial.

En segundo lugar, las empresas y los ciudadanos de Japón y Estados Unidos se beneficiarán de la eliminación de las barreras monetarias en el mercado único europeo . En tercer lugar, la economía mundial será más estrechamente unificada. La formalización de la única moneda dentro de la Unión Europea, puede modificar las relaciones entre Estados Unidos, Japón y la Unión Europea.

Los participantes en todo este sistema monetario internacional serán llevados con mayor rapidez para coordinar sus estrategias económicas, dentro del marco global.

Se preve que el euro desempeñe un papel importante como divisa internacional. Como moneda de valor comercial, la función del euro puede trascender a las relaciones del mercado internacional directas.

La integración y unificación de los mercados financieros europeos atraerán a nuevos inversores internacionales, mientras que la capacidad e influencia de la nueva moneda aumentará el volumen de las emisiones de euros.

Por último, el euro desempeña un papel cada vez más importante como moneda de reserva en manos de las diferentes naciones y gobiernos del mundo.

La moneda única está permitiendo a la Unión Europea ser la primera potencia comercial del mundo, así también contrarrestar la influencia de cualquier otra moneda existente, incluyendo el dólar y el yen en los mercados internacionales. Al convertirse en una de las principales monedas de intercambio y de reserva mundial.

La unión económica y monetaria y la creación de una moneda única constituyen sin lugar a duda, las bases del establecimiento de un mercado único y mundial, haciéndolo funcionar.

Los hombres de negocios, industrias, comercios, empresas y demás, apoyan incondicionalmente su introducción.

La idea de haber creado una moneda única, o sea el euro, constituye una ampliación del mercado mundial, con la desaparición de las fronteras, transformando al mundo progresivamente *en un solo y gran imperio.*

Nunca debemos de olvidar que esta moneda está siendo respaldada por la reserva de oro de los Estados miembros, que actualmente componen la Unión Europea.

La creación y desenvolvimiento del mercado mundial y moneda única constituye el mayor proyecto de integración y unificación mundial, jamás emprendido por el hombre, siendo hasta el momento quince naciones, aunque el número será ampliado rápidamente.

Es algo así, como si al despertar en una nueva y brillante mañana, uno se encontrará que le han quitado el dinero en lo que uno ha estado habituado a utilizar y se lo han cambiado por dinero nuevo distinto, llamado euro.

Todo esto nos hace pensar cada día, a la hora que nos aproximamos, o sea al cumplimiento profético más grande que jamás haya ocurrido en la faz de la tierra.

Observa con suma atención cómo en unos pocos años la Unión Europea ha transformado a quince países, que son los actuales estados miembros, en una sola unidad, no sólo política, sino también económica.

Actualmente no sólo esto, sino que han llegado a decir que los logros del mercado único deben consolidarse y desarrollarse a escala mundial.

Determinaron que este tipo de mercado económico y moneda única es la piedra angular de la fase de integración mundial.

En la reunión mantenida por el grupo de los siete países más ricos e industrializados del mundo, el 29 de septiembre de 1995, en Washington por los Ministros de Economía, o sea los socios de los europeos, mostraron interés y curiosidad hacia la unión económica y monetaria que se está preparando. El secretario norteamericano del Tesoro de la Nación, en su declaración oficial añadió:

Sería justo decir que nos han hecho saber a todos, que se dirigen hacia una unión económica y monetaria.

¿Qué fue lo que les hizo dar este paso a los europeos?

Llegaron a publicar ¿qué clase de mercado es en realidad éste, que en cada país de la UE cuando un ciudadano llegaba a otro lugar tenía que realizar su cambio a la moneda del país, perdiendo en cada transacción?

De acuerdo a una estadística que realizaron, si un ciudadano hiciera un viaje alrededor de Europa, con 100 unidades de su moneda en cada país que entrare al realizar su cambio perdería cerca de 40 unidades por haber hecho estos cambios.

Aparte de su uso simbólico que representa la soberanía de cada país, se sabe que en este momento esto tiene muy poco significado o no se debe de tener en cuenta.

En realidad no tiene sentido económico tener un mercado unitario, **sin una moneda común,** estas fueron las declaraciones de los dirigentes de la antigua Europa.

Los mercados financieros globales y los comercios han hecho de la fluctuación de las monedas un negocio lucrativo para algunas de las naciones.

Por lo tanto en este nuevo tratado de la UE se estableció el acuerdo a lo que estaba mencionado "que en el año 99 Europa avanzará a una unión económica y monetaria". Siendo el resultado de la misma esa moneda común denominada euro, que está a punto de sustituir una vez y por todas la inestabilidad, la tarifa de cambio de las monedas, inconvenientes y pérdidas económicas.

La preocupación que en este momento tienen estas naciones, es luchar contra la inflación. El precio que pagarán por el derecho de usar el euro será una disciplina estrictamente económica.

Esta moneda está tomando fuerza, porque está siendo apoyada por el Banco Central Europeo.

La única moneda quitará a los gobiernos la libertad individual de devaluar su moneda para obtener competitividad.

El fondo de cohesión creado por el tratado es una de las iniciativas creadas para asegurar esto.

Lo que quieren lograr al establecer una única moneda, es quitar uno de los principales obstáculos económicos y asegurar a Europa y al mundo que las crisis monetarias son cosas del pasado. Esta es la razón por la que el ritmo de cambios se acelera rápidamente en todas las partes del mundo.

Esto marcha de acuerdo al plan profético que Dios nos ha revelado en su Palabra, no sólo nos habla de una balanza que mide y controla, sino los precios que serán demarcados a nivel mundial.

El hecho de establecerse una única moneda ahora en Europa y luego en el resto del mundo, hará más entendible, que si se fuera a preparar directamente un comercio mundial y unificado, esto establece la preparación con anterioridad de una única moneda.

Cuando abrió el tercer sello, oí al tercer ser viviente, que decía: Ven y mira. Y miré, y he aquí un caballo negro; y el que lo montaba tenía una balanza en la mano. Y oí una voz de en medio de los cuatro seres vivientes, que decía: Dos libras de trigo por un denario, y seis libras de cebada por un denario; pero no dañes el aceite ni el vino.

Apocalipsis 6:5-6.

Estos textos nos revelan, que para ese tiempo final habrá una estructura organizada en la economía mundial.

Esto nos muestra en forma determinante, que llegaría el momento donde se produciría una grande y enorme inflación, esto daría una economía sin control y un estado de incertidumbre en los mercados mundiales.

Cuando se produce una inflación galopante, esto hace que los productos aumenten y el sistema económico pierda su valor. A la misma vez da lugar para que se produzcan estrictos controles sobre toda compra y venta, a tal punto que llegará ese momento cuando nadie podrá comprar ni vender a menos que tuviere la marca de la bestia.

Todos los detalles que estoy compartiendo en este libro son para que veas en qué forma tan bien organizada cada pieza del acontecer profético va encajando en cada lugar correspondiente. Esto nos indica que el comienzo de todo el engranaje para el control de la humanidad, ya ha sido puesto en marcha y no hay nada que lo detenga. Esta señal es profecía cumpliéndose en nuestros días.

Europa y su nueva moneda

La gran aventura ya ha comenzado, las naciones de la Unión Europea han fusionado sus divisas en una nueva acuñación común, o sea **el euro**. Esto es el mayor paso hacia la unidad europea desde la caída de la cortina de hierro y la mayor reorganización financiera del Viejo Continente de Europa, desde la Segunda Guerra Mundial.

La Unión Europea ha entrado en la edad del euro, esto es un gran cambio en la estructura de la economía Europea.

El significado inmediato del euro quizás para muchos pase desapercibido, quizás inclusive para la mayor parte de los 372 millones de habitantes que viven en la Unión Europea, ya que para muchos seguirá siendo una divisa virtual o electrónica, hasta que sea acuñada y puesta en circulación en el año 2002. Sin embargo para los empresarios y gobiernos, **el euro** es una realidad inmediata.

Desde el 4 de enero de 1999 cuando los mercados bursátiles, de bonos y los de divisas abrieron, los marcos alemanes, francos franceses, pesetas y el resto de las divisas desaparecieron, siendo reemplazadas por el euro.

Las grandes empresas europeas ya han comenzado a llevar su contabilidad y realizan sus transacciones en euros.

La unificación del mercado que se extiende de España hasta Finlandia, sin comisiones de cambio o temores a fluctuaciones está siendo un gran alivio para los industriales y banqueros. Las empresas están disfrutando de un mejor acceso al capital a través de una planeada conexión de las bolsas europeas. Las firmas corredoras comenzaron a fusionarse para competir mejor en el mercado de la euro zona.

El Banco Central Europeo, con sede en Francfort, Alemania, establece unos intereses bancarios unificado en la zona del euro. Una baja inflación y menores déficits presupuestarios impuestos a los gobiernos de la zona del euro, logran protegerse de la crisis financiera internacional.

La Unión Europea, declaró que la Euro Zona es una isla de estabilidad, dijo el ex ministro de hacienda alemán Theo Waigel:

> Esto es una prueba que dicho proceso ha sido acertado.

Pese al impacto de la crisis económica asiática, la economía de la Euro Zona tiende a crecer. Incluso sin el euro dinero, los consumidores pueden descubrir los precios ultranacionales al ser reflejados en euros. Los bancos están ofreciendo euro cuentas y los clientes que utilicen las tarjetas de crédito podrán usar el nuevo sistema.

Muchos son los que se preguntan, si una divisa común funcionará con economías tan dispares como lo son la de Portugal y Alemania. Otros se preguntan cómo se mantendrá el euro en los mercados mundiales en relación con el dólar.

También existen aquellos que desean saber si empresas y consumidores están en realidad preparados para el euro y tampoco faltan los que están preocupados por los sistemas computarizados y de contabilidad.

Principales bloques de mercados internacionales esperan beneficios del euro.

Los mercados de México, el Mercosur y otros mercados, recibieron con agrado y optimismo el lanzamiento oficial del euro, que les ofrece una nueva forma de competir con el dólar. Muchos son los gobiernos que declararon que la entrada en vigor del euro, es uno de los eventos más importantes de la historia en este tiempo presente. Esto inclusive, va a cambiar la forma y manera de hacer negocios en el mundo, y sobre todo se va a convertir en muy poco tiempo en una alternativa frente al dólar.

La negociación con euros también posibilitará que algunas empresas puedan contratar deuda y bonos con una sola moneda y que las empresas puedan encontrar aquí una alternativa para no estar permanentemente atadas a lo que suceda con el dólar.

Las empresas que tienen transacciones comerciales con Europa, el euro le facilitará sus operaciones y disminuirá sus costes.

Los mercados mundiales observan con atención el impacto de la nueva moneda.

El euro comenzó con éxito y solidez, mientras políticos, inversionistas y expertos de la economía mundial elogiaban el lanzamiento de esta moneda única europea, "*como el precursor de una nueva era de integración en la economía mundial.*" Los mercados de valores y bonos vieron con gran entusiasmo la llegada de la unión económica y monetaria europea (UEM), al subir ante las expectativas de que el euro logre impulsar gradualmente la economía europea y que crezca hasta desafiar el predominio mundial del dólar.

El presidente de la Comisión Europea, Jacques Santer, expresó su satisfacción por la aceptación en los mercados mundiales en relación al euro. Cuyo lanzamiento culmina con 40 años de estrecha cooperación económica para asegurar la paz y la seguridad de un continente que engendró las dos guerras mundiales del siglo. *Comenzó una nueva era* —dijo Santer (actual presidente de la Unión Europea).

El canciller alemán Gerhard Schroeder, cuyo país sacrificó al poderoso símbolo de la resurrección alemana de la posguerra, el marco, para ingresar a la unión monetaria, dijo que no se sentía vinculado emocionalmente con ninguna moneda como para celebrar con alegría por las calles. Sin embargo, agregó:

Entiendo la importancia de esta moneda. Sé que permitirá el avance de Europa y nos obligará a avanzar hacia otros niveles de integración.

El inicio de las negociaciones de euro, después de meses de difíciles preparativos en las mesas de las negociaciones del mundo, tuvo resultados predecibles.

El nacimiento de la nueva moneda fue satisfactorio. No necesita una incubadora y se encuentra bien, viva y pateando —dijo David Bloom estratega de divisas de HSBC Markets.

Los once países que adoptaron el euro, desde el 1 de enero de 1999, tienen en conjunto el mismo producto económico y la misma participación del comercio mundial que Estados Unidos.

El euro comenzará a desafiar al dólar como la principal moneda del mundo, tan pronto como el Banco Central Europeo y la nueva moneda establezcan su credibilidad, que probablemente será pronto —dijo el economista estadounidense Red Bergstenal.

El secretario estadounidense del Tesoro, Robert Rubin, dijo que lo que era bueno para Europa, también beneficiaba a Estados Unidos. Pero reconoció que el euro mantendrá en estado de alerta a Washington.

El primer ministro japonés, Keizo Obuchi, afirmó en París, Francia al término de su viaje de 48 horas, que su mensaje en favor de un estatuto internacional del yen, así como la voluntad de su gobierno de revitalizar la economía japonesa, ha sido comprendido por los dirigentes franceses. También manifestó su satisfacción porque su idea de estabilizar el sistema monetario internacional sobre el dólar, euro y yen ha sido bien acogido.

Keizo Obuchi, viajó a Francia una semana después del lanzamiento de la moneda única europea, luego viajó a Italia y así de esta manera hizo un recorrido por Europa, para que el yen, se convierta junto con el dólar y el euro, en una de las monedas claves de un sistema monetario internacional. Inclusive llegó a resaltar que la moneda única europea es clave para el crecimiento mundial.

Tras la supresión de fronteras y visados, el euro eliminará uno de los últimos obstáculos que impedían aún los desplazamientos en el mapa turístico europeo. En enero del 2002, los viajeros tanto europeos como de otros continentes podrán circular con una sola moneda a través de los países de la Unión Europea, llamada Euroland.

En Australia ya han comenzado las transacciones internacionales con el euro, es decir la moneda común europea que se prevé aumentará el poder del continente en la economía global, eso se anunciaba en los periódicos de Australia.

Los diarios en Asia coincidían en preguntarse cuáles serán las consecuencias del euro para las atribuladas economías de la región, ya que por primera vez en décadas el dólar tendrá un rival como divisa seleccionada para el comercio mundial y para las reservas gubernamentales, lo que para Asia será un verdadero cambio.

El sueño europeo de la unidad monetaria se vuelve realidad, cuando ya once naciones consolidan su respectivas monedas para formar el euro, creando una gigantesca economía abarcando desde el círculo ártico hasta las costas del Mediterráneo.

El nacimiento del euro es celebrado como un hito histórico en las finanzas internacionales, siendo considerado el mayor paso individual jamás dado en la iniciativa de crear una Europa unida de las ruinas que dejara la Segunda Guerra Mundial.

En medio de las declaraciones que se escuchan en toda Europa, vemos de qué forma tan imponente se levanta el resurgimiento de ese antiguo Imperio Romano, que las profecías tan enfáticamente afirmaron.

Los inversionistas, que ahora miran a un solo mercado de bonos y acciones unidos por el euro, reaccionaron ante el nacimiento de la nueva moneda. Es así que la nueva moneda ya ha comenzado a funcionar como una moneda virtual.

Durante un período de tiempo, o sea una transición de tres años, las transacciones en euros serán con tarjetas de crédito, facturas bancarias y otras transacciones electrónicas. Los ciudadanos europeos seguirán usando marcos alemanes, pesetas, francos franceses, escudo y demás monedas de los estados de la Unión Europea.

El 1 de enero del año 2002, llegarán los billetes y las monedas de euros, y los europeos de las naciones participantes tendrán que usarlas. Las antiguas monedas no tendrán valor y el euro será el dinero que usará la mayoría de los europeos, cuando llegue finalmente del 1 de Julio de ese mismo año, en que todas las monedas desaparecerán por completo, quedando **sólo el euro.**

El euro intentará desafiar la hegemonía del dólar.

El nuevo sistema monetario europeo de acuerdo a sus promotores, colocará a los mercados de valores europeos en una posición de más amplitud, mayor fuerza y más liquidez que los de Estados Unidos.

Esto podrá desviar el interés en el dólar de Estados Unidos y sus valores, lo que obligará a aumentar las tasas de interés para hacer que los inversionistas internacionales utilicen dólares en lugar de euros.

> El dólar tendrá su primer rival como el mercado capital de primer y último recurso —dijo Doug Henwood, autor de Wall Street.

Por lo tanto el euro desafiará la hegemonía del dólar en los mercados internacionales y convertirá el sistema financiero global en tripolar, con consonancia con el peso económico y comercial de la Unión Europea.

El potencial del euro, corresponde al de las economías de la Unión Monetaria, que suman 19.4% del producto interno bruto (PIB) del mundo, representa 18.6% del comercio mundial y a un mercado de 372 millones de personas.

A la expansión del euro contribuirá también, según los analistas, las relaciones comerciales privilegiadas que mantiene la Unión Europea, con zonas como la cuenca Euromediterránea, América Latina, África o los países de la Europa Central y Oriental, que están teniendo la tendencia a sustituir parte de sus reservas en dólares por euros.

El lanzamiento del euro está atrayendo, asimismo muchos inversores hacia el mercado financiero europeo, que actualmente es uno de los más sólidos y con mayor liquidez, y que con la conversión de la deuda pública de once países a euros está siendo el mayor mercado de obligaciones estatales del mundo. Por otra parte, este mercado se está viendo reforzado por la desaparición del riesgo de fluctuaciones monetarias al interior de la euro zona.

Es evidente que todo este sistema que se viene gestando progresiva y rápidamente, se va encaminado de acuerdo a lo que las profecías nos han indicado con relación a la unidad e integración del mundo en todas sus estructuras.

Capítulo tres

El euro y su establecimiento en la Unión Europea

El euro es desde el 1º de enero de 1999, la moneda única oficial de once países de la Unión Europea: Alemania, Francia, España, Italia, Bélgica, Holanda, Luxemburgo, Austria, Portugal, Finlandia e Irlanda.

Esto que hoy vemos establecido en la Unión Europea, ha sido el largo recorrido de distintas aprobaciones a través de los años, las que se han venido desarrollando de la siguiente manera:

- En 1957, se firma el Tratado de Roma, éste contempla una consultoría en temas de política y también en el ámbito monetario, que vigilará a partir de ese momento la situación monetaria de cada país estado miembro, siendo consultados en cualquier decisión.
- En 1964 se crea un comité de gobernadores de los bancos centrales para preparar la instauración de una verdadera unión monetaria. Dándole seguimiento a los problemas monetarios de la comunidad europea, estableciendo instrumentos estadísticos armonizados.

- En 1969 se realiza la conferencia de La Haya, marcando un importante proceso de unificación monetaria, ya que en la misma participan los jefes de Estados, decidiendo realizar por diferentes etapas la unidad económica y monetaria.
- En 1970 se elabora un plan en diferentes etapas de la integración del sistema monetario, el cual deberá concluir en 1980, en este plan se decide llevar la unión monetaria hasta el establecimiento de una moneda única y la creación de un fondo común europeo.
- Cuando a partir de 1971, se pasa a la fluctuación de las monedas en casi todos los países de mayor peso en la economía internacional. Los europeos buscaron los mecanismos para organizar la fluctuación a fin de minorar los trastornos causados por la desaparición de los cambios fijos.
- En 1972 los tipos de cambios se mantenían fijos conforme a los principios del Fondo Monetario Internacional, acordados en Bretton Woods.

El euro se impondrá más rápido de la fecha programada.

Los quince países de la Unión Europea confirmaron el creciente consenso para que el euro se imponga más rápidamente. Es decir intentar reducir los seis meses previstos en la primera mitad del año 2002, en que se producirá la doble circulación de la moneda unida con las otras divisas incorporadas a ella, a sólo dos meses.

El euro y las 11 divisas que lo forman sólo circularán a la vez durante un mínimo de cuatro semanas y un máximo de dos meses, desde el 1 de enero del 2002 hasta el 1 de marzo como fecha tope. Eso da a entender que el euro se convertirá en moneda única entre el 29 de enero y el 1 de marzo.

Desde el 15 de diciembre del año 2001 se podrá empezar a cambiar una pequeña cantidad de monedas nacionales por euros para que la población se acostumbre a la nueva moneda, aunque ésta comenzará a circular legalmente el 1 de enero del 2002, para ese entonces ya se habrá iniciado la distribución masiva de euros entre todas las entidades financieras.

Efecto euro

¿Crisis, en la configuración informática de la nueva moneda llamada euro?

El proyecto de la Unión Europea de conversión a la moneda única, plantea un reto adicional. El euro, la moneda del siglo XXI, ya es la moneda que se utiliza en la Unión Europea. De acuerdo a las declaraciones que la misma ha manifestado por medio de los diferentes medios de información, éstas son las siguientes:

- Europa tiene su moneda desde el 1 de enero de 1999. El euro es ya una realidad.
- Los mercados anticiparon su creación mucho antes de la decisión de los jefes de estado y de gobierno del pasado 2 de mayo de 1998, como demuestra la convergencia de los tipos de interés a largo plazo en Europa.
- Como demuestra también la gran estabilidad monetaria en el SME, mientras Asia sufre una grave crisis financiera desde hace varios meses.
- Antes, incluso de su lanzamiento, el euro ya desempeñaba un papel protector de Europa.
- La creación del euro tiene numerosas repercusiones positivas para las empresas.

- Hace transparentes las comparaciones de precios y eso incrementa la competencia en el mercado único. Las empresas pueden así sacar partido a sus esfuerzos de productividad más fácilmente, al suprimir el riesgo de cambio y los costes de conversión entre las monedas de los Estados participantes, reduciendo las cargas financieras soportadas por las empresas y, por consiguiente, mejorando su competitividad.
- Por último, el esfuerzo continuado de saneamiento financiero consolida el crecimiento en Europa. En relación con la situación actual, el reequilibrio de la hacienda pública de los Quince, de acuerdo con los compromisos asumidos en el Pacto de Estabilidad y de Crecimiento, liberará a medio plazo aproximadamente 1 billón de francos de ahorro al año. Este dinero será más útil para financiar inversiones y crear empleo que para empapar los déficits de los Estados.
- El marco necesario para el paso al euro desde el 1 de enero de 1999 y su gestión ya está preparada. La utilización de la moneda europea por parte de las empresas avanza muy rápidamente.

Es pues, hora de reflexionar desde este momento sobre las perspectivas de después del euro.

- Con el euro se abre para todos un mundo en donde se verán progresivamente desaparecer las monedas nacionales, convirtiendo a Europa en una potencia económica, porque el euro es el valor de la Unión.
- El grado de apertura de los países de la Unión Europea es actualmente de 30%, frente a 8% de Estados Unidos y 8% de Japón.
- Los Bancos centrales europeos no se desprenderán de sus reservas en dólares rápidamente, aunque no los necesiten, para no quebrantar la confianza de los mercados internacionales.

- Los europeos se aferran cada vez más al euro, porque están plenamente convencidos que determinará el proceso final para la verdadera unificación de la UE.

- De acuerdo a las condiciones previstas con relación al euro, los mercados de valores europeos serán más amplios, más fuertes, que los Estados Unidos.

- Esa posición desviará el interés en el dólar de Estados Unidos y sus valores, lo que obligará a este país a aumentar las tasas de interés para hacer que los inversionistas internacionales utilicen dólares en lugar de euros.

- El euro es la moneda de los países de la Unión Europea que a partir de enero de 1999, se incorporen a la Unión Monetaria.

- Los ciudadanos y empresas europeas están obteniendo importantes ventajas y beneficios operando en una misma moneda.

- El establecimiento del euro, se llevará en dos etapas, o sea la transitoria y la culminación. La primera etapa transitoria ha comenzado a funcionar desde el 1 de enero de 1999 a 1 de enero de 2002.

- La fijación del precio del euro o el tipo de conversión se decidirá por la unanimidad de los Estados miembros que inicialmente han adoptado el euro, siendo obligatorio desde el 1 de enero de 1999.

- A partir de esta fecha ya se utiliza el euro en todas las transacciones electrónicas.

Sin embargo por el tiempo que llevará la fabricación de los nuevos billetes y monedas, todos los cobros y pagos en metálico tendrán que realizarse solamente en las diferentes monedas de la Unión Europea.

Se necesitaron alrededor de seis años para establecer un acuerdo sobre la presentación de esta nueva moneda, cómo sería fabricada y cómo finalmente se llamaría. Todos creían que debía llamarse ecu, esta fue una divisa medieval francesa que se escribe ECU. Aparentemente ésta representaría las siglas en inglés de Unidad Monetaria Europea (European Currency Unit).

Sin embargo al gobierno alemán nunca le gustó esta definición. Es cuando en la cumbre de 1995, el canciller alemán Helmut Kohl insistió que la palabra ecu, sonaba parecido a *eine kuh* y esto confundiría a la población alemana, ya que podrían confundirla con "una vaca".

En esa misma reunión se propuso el nombre de ducado, florín, pero también fueron rechazados. Fue entonces que el presidente del gobierno español sugirió la palabra "euro". Así fue que esta última palabra fue aprobada.

Formato y creación del euro en monedas y billetes.

Por lo tanto decidieron que las monedas de 1, 2 y 5 centavos, fueran acuñadas con acero bañado en cobre, las de 10, 20 y 50 centavos se fabricarán con otra aleación de color amarillo inventada en Finlandia llamado oro nórdico, compuesta por cobre con mezcla de estaño, aluminio y zinc. Las de 1 y 2 euro contendrá níquel, cubierto por capas de cobre.

Por otro lado tendrán dos tonalidades, un anillo amarillo en torno de un centro niquelado para la moneda de uno, y al revés para la moneda de 2.

Además de ser típicamente europeas, los complejos diseños por capas dificultarán la falsificación, según declaraciones de los jefes de estados "serán las más seguras del mundo".

Lo que sí llama la atención es que estas monedas tienen 6 estrellas en la parte de arriba, 6 barras en el medio y otras 6 estrellas en la parte de abajo.

El euro y su establecimiento en la Unión Europea

Diferentes billetes de Euro: 5; 200 y 500, mostrando ambas caras

No me atrevería a llamar a esto coincidencia, sino más bien la confirmación evidente de la revelación profética, cuando hace más de 19 siglos el Señor le mostrara a Juan, acerca del número 666.

Aquí hay sabiduría. El que tiene entendimiento, cuente el número de la bestia, pues es número de hombre. Y su número es seiscientos sesenta y seis.

Apocalipsis 13:18

El seis siempre ha representado el número de hombre, el número de la imperfección, del humanismo y el materialismo. Esto tiene que ver con un 6 que representa la unidad política, un 6 que representa la unidad económica y el otro 6 que representa la unidad religiosa.

El temor al fraude fue una de las razones por las que la Unión Europea, determinó que fueran iguales en todos los países, cuanto mayor es el número de divisas diferentes, más difícil se hace reconocerlas cuando son falsas. Por lo tanto cada uno tiene un sello oficial europeo y una cara nacional de cada país, que compone la Unión Europea.

A partir del 1 de enero de 2002, como la fecha límite, todo será en euro, ya que para esta fecha estarán en plena circulación los billetes y las monedas en euro.

Durante este tiempo y no superior a los 6 meses, los poseedores de billetes y monedas nacionales podrán canjearlas gratuitamente por billetes y monedas en euros.

A partir del 1 de julio del año 2002, como fecha límite, sólo podrán utilizar euros, para esta fecha la sustitución de otras monedas habrá concluido. Para ese entonces habrán 88 clases diferentes, ocho denominaciones, circulando por Europa.

En lo que se refiere a los billetes, serán distribuidos por las instituciones emisoras de cada país por orden del nuevo Banco Central Europeo, con sede en Francfort, Alemania.

En cuanto a éstos se acordó que no habrán símbolos nacionales en ellos, serán idénticos en todas partes. La idea de decorarlos con caras de reyes, presidentes o próceres, como se utiliza en la mayoría de las naciones, fue rechazada para no promover sentimientos nacionalistas.

Debido a que la historia del viejo continente de Europa está plagada de conflictos, guerras mundiales y civiles en muchos de estos países, resultó demasiado difícil llegar a un acuerdo respecto a las figuras históricas. En lugar de ellos los funcionarios de los bancos centrales optaron decidirse por la arquitectura a través del tiempo.

Cada uno de los siete billetes ilustra una época, desde la clásica hasta la moderna, pasando por la gótica y con motivos específicos. En una parte de los billetes hay un puente, significando el futuro de un país a otro, y en el frente de los mismos una ventana o un arco, dando a entender que está abierta al mundo.

Ninguna es una estructura existente como por ejemplo, el Puente de la Guardia, o la Puerta de Brandenburgo.

Simplemente son representaciones genéricas de un patrimonio de los europeos.

Se eliminó cualquier especificación, que tuviera que ver con identificar algún país determinado. Si tuvieran lados nacionales, los bancos tendrían que enfrentar un problema de circulación.

Los europeos del norte viajan con su dinero al Mediterráneo en el verano, pero el movimiento al norte de los sureños es mucho menor. Si los billetes finlandeses, fueran diferentes a los españoles, muy pronto comenzarían a acumularse en España. Las instituciones de ese país tendrían que buscarlos y enviarlos a Helsinki, porque sólo el Banco Central de Finlandia puede decir cuándo retirarlos de circulación y emitir nuevos.

Las monedas no se gastan con tanta rapidez y por ello es que, al tener caras particulares de cada país, no se plantea el mismo dilema.

El diseño del sello europeo es un número grande junto a un mapa. Europa es un globo, o dividida en sus Estados miembros, o una sola sin fronteras, según la denominación.

Los países tienen libertad para diseñar las caras de las divisas.

Las monedas marcarán el ir y venir de las personas en toda Europa.

Desde ahora y hasta fines del 2001, la instituciones de los países de la Unión Europea están fabricando miles de millones de euro-monedas.

En cuanto a la impresión de dinero en billetes se ha triplicado su producción.

Algo que quiero destacar en cuanto a los billetes, es que los mismos están fabricados tan específicamente y con un material especial, que será posible dejar impresos en los billetes las huellas digitales de las personas, esto quiere decir que al pasar por los cajeros automáticos o depositarlos en

LA GLOBALIZACIÓN Y SU CUMPLIMIENTO PROFÉTICO

Euro: Billetes y monedas

oficinas bancarias o financieras, se registra a través de las huellas digitales la persona que los estuvo utilizando.

Una vez pasen por estos sistemas de lectores, las huellas se borran, y se marcarán las próximas, esto trabaja en un sistema de tecnología biométrica avanzada.

Los billetes euro serán los más seguros y difíciles de falsificar entre los que se emiten actualmente. El papel contiene fibras fluorescentes y un dibujo de diversos tonos. La imitación de este último exige por parte del falsificador un trabajo adicional, porque no puede reproducirlo fácilmente a la vez que lo copia o imprime.

Para comienzos del 2002 piensan poner en circulación miles y miles de millones de euro-billetes. Todo esto indica que será posible viajar por todos los países miembros de la Unión Europea sin cambiar más monedas.

En la actualidad las grandes empresas, bancos, oficinas de impuestos y demás están renovando sus sistemas informáticos para que cada persona reciba, en el año 2002 toda su documentación en euros.

La Unión Europea está continuamente informando al mundo, de qué manera el euro va alterar la forma de vida de sus habitantes. Que las transacciones comerciales e internacionales se realizarán con tanta frecuencia como en dólares y de qué forma el mercado bursátil europeo tendrá mayor valor que el norteamericano cuando comiencen las inversiones en Europa y éstas fluyan desde todo el mundo. Los inversionistas serán atraídos en calcular un solo tipo de cambio en vez de los diferentes actuales.

Probablemente hasta hace poco tiempo Estados Unidos y demás naciones, no veían el euro muy atractivo o que esto fuera en serio. Sin embargo Estados Unidos y demás países, están ahora pidiendo continuamente información con respecto a esta nueva moneda.

El Banco Central Europeo, llegó a declarar que: "Se ha creado un bloque económico, no se trata sólo de un cambio técnico de moneda". Esto está levantando un bloque que rivalice con Estados Unidos en los mercados globales.

El 1 de enero de 1999, el euro se convirtió en moneda de curso legal en todo los países de la Unión Europea y las divisas locales dejaron entonces de transarse entre sí, convirtiéndose en porcentajes fijos del euro. Éste a su vez, se cotiza a cualquiera sea el valor de la unidad monetaria europea a las 2 p.m. del 31 de diciembre. Los mercados de capital comenzaron a operar en esta unidad y los bancos se tienen que comunicar en esa divisa.

Pero las monedas y los billetes no estarán en manos de los clientes hasta el 1 de enero del 2002. Esto significa que durante estos años tendremos que manejar dos expresiones de valor pecuniario. *De una sola vez tendremos que reestructurar nuestra programación informática para que esté en capacidad de manejar dos denominaciones, la nacional y el euro.* En eso estriba uno de nuestro mayores problemas.

Otras de las consideraciones que se están planteando es que para llegar de dólares a cualquiera de las monedas nacionales hay que hacer una multiplicación. Los programas que hacen hasta ahora las conversiones de dólares a monedas nacionales, no pueden dividir, se ha diseñado sólo para multiplicar, este es el caso del Crédito Agrícola una de las instituciones bancarias más importante del mundo. Hoy existen en Europa miles de personas trabajando para preparar los miles de programas de computación.

¿Podría el euro provocar un caos en los sistemas de computadoras?

En comparación con el problema del año 2000 la introducción de la nueva moneda europea a principios de 1999 planteó un mayor número de conflictos tecnológicos. En Londres capital de Inglaterra se informó lo siguiente:

> En medio de la premura por reprogramar las computadoras en todo el mundo de manera que puedan funcionar después del 1 de enero del año 2000, un problema computacional poco conocido se yergue igual de complejo, pero con una fecha límite aun anterior. El 1 de enero de 1999, la Unión Monetaria Europea introdujo el euro, una nueva moneda que podría tener serias consecuencias para los sistemas computacionales de instituciones financieras y cualquier empresa que haga negocios en divisas extranjeras y con tasas de cambio.

El software fiscal y de tasas cambiarias necesitará ser actualizado, los estados financieros rediseñados, los cajeros automáticos reacondicionados y la información histórica convertida y eso es solamente el principio. *"La magnitud* del problema que plantea el euro es increíble" —señala Nick Jones, director de investigaciones de Gartner Group Inc., una firma de consultoría e investigación tecnológica—. "*En términos del precio para arreglarlo, el problema es comparable con el del año 2000*". Quizá el mayor problema que enfrenta Europa sea la conversión de las monedas.

Once naciones han acordado adoptar el euro: Austria, Bélgica, Finlandia, Francia, Alemania, Irlanda, Italia, Luxemburgo, Holanda, Portugal y España. La Unión Monetaria Europea, la cual fijará el valor del euro con respecto a las monedas de los países participantes, ha estipulado que habrá un período de transición de 1999 al 2002. Durante ese tiempo, las instituciones financieras y otras compañías tendrán que ser capaces de manejar dos monedas: el euro y la moneda local. Esto está produciendo una gran preocupación, porque la mayoría de los paquetes de software sólo pueden manejar una moneda a la vez. Lo que es más, al convertir en el período de transición, la aritmética será diferente y más complicada que simplemente convertir una moneda en otra. Desafortunadamente, la mayoría de los sistemas computacionales nunca fueron diseñados para manejar la triangulación.

Otro problema surge cuando las computadoras tienen que manejar decimales, volviendo obsoletos a los sistemas italianos. Pero la Unión Monetaria ha dicho que todos los sistemas tendrán la capacidad de considerar seis lugares decimales significativos, haciendo que la mayoría de los sistemas que actualmente sólo consideran dos decimales, también sean obsoletos.

El desafío del euro.

Una primera señal de alarma sobre la envergadura del tema nos da la estimación del costo para establecer la misma. En una conferencia celebrada el 9 de diciembre de 1997 en Madrid capital de España, organizada por Profit, representante del Garnet Group en España se decía que, al conjunto de bancos europeos, el paso a la moneda única le costaría 2.2 billones de pesetas. De esta cantidad, 50% serían gastados en la adaptación de los Sistemas Informáticos. Esta cifra no es definitiva se trata simplemente de una estimación, pero nos da una idea muy clara de la situación y envergadura del problema. Malcolm Levitt, presidente del Grupo de Trabajo sobre la Moneda Única de la Asociación de Bancos Británicos, estimaba que el costo de conversión de los Sistemas Informáticos de sus asociados sería de 1.000 millones de libras. En la revista "Informatique Bancaire" del 15 de marzo de 1996 se afirmaba que para la banca francesa el costo sería de 66.000 millones de francos, de los cuales 54% sería invertido en el cambio de los Sistemas Informáticos. Para Gartner Group, el coste de implementar los cambios necesarios en el software para que los Sistemas Informáticos de las empresas europeas no sólo financieras se adapten a la moneda única es de 100.000 millones de dólares.

Todo lo dicho hasta ahora nos puede hacer pensar que se trata de un problema que afecta sólo a los bancos. Esto no es así; afecta a todas las empresas y a las del sector financiero, a éstas les afecta en mayor medida.

Problemas a los que se verán enfrentados los Sistemas Informáticos.

Los problemas que se presentan en los departamentos de Sistemas Informáticos, es que nos permite ver que la mayor parte de las aplicaciones actuales que manejan pesetas por ejemplo, no utilizan céntimos. Esta nueva moneda llamada euro, tiene un valor equivalente a las 160 pesetas, es evidente que volverán los céntimos (cents. en nomenclatura del euro). Sin embargo, los céntimos no son el único problema relacionado con el número de decimales con los que hay que trabajar. Recientemente, el Consejo del Instituto Monetario Europeo ha presentado, para su aprobación por la Comisión, un reglamento en el que se contempla lo siguiente:

1) Los tipos de conversión de euros a monedas nacionales adoptarán 6 cifras significativas. Conviene resaltar que habla de cifras significativas, no de decimales.

2) No se producirá redondeo al hacer la conversión.

3) Existirá conversión en las dos direcciones (de euros a monedas nacionales y de éstas a euros) pero no se utilizarán tipos de conversión inversos (es decir: si hemos convertido de euros a pesetas no podemos volver a reconvertir esas pesetas a euros).

4) El paso de una moneda nacional a otra se hará mediante un paso intermedio a euros con un mínimo de 3 decimales.

5) Para saldar una deuda se redondeará a cents.

Estas normas, obligan a cambiar todos los archivos, programas, formularios (impresos), pantallas, etc., que hagan referencia a cantidades monetarias. Casi cualquier empresa, por pequeña que sea, tiene aplicaciones de presupuestos, facturación, contabilidad, nóminas y pago de impuestos. Todas ellas y muchas más deberán ser modificadas. La abrumadora dimensión del problema surge de que en una gran empresa existirán como mínimo varios miles de archivos y de programas afectados. Simplemente el modificar diez mil programas y otros tantos archivos, además de probar que todo funciona de forma adecuada es una tarea muy laboriosa. Además, con seguridad exigirá ampliar la capacidad de los sistemas informáticos.

1) Será necesario cambiar todas las rutinas de redondeo para que trabajen con más decimales.
2) Habrá que evitar la multiplicidad de conversiones entre monedas; es decir no se podrá hacer que una aplicación primero redondee de pesetas a euros y en el siguiente paso lo haga de euros a pesetas y así sucesivamente, pues de ese modo el cliente podría verse claramente perjudicado.
3) Durante unos meses convivirán billetes y monedas en las diferentes divisas y en euros, ¿no sería interesante que los programas tuvieran en cuenta esa posibilidad? El caso de los supermercados puede ser un ejemplo ilustrativo. El cliente podrá pagar con pesetas o con euros indistintamente y el empleado podrá darle el cambio también en pesetas o en euros. Pocas dudas hay de que la productividad del personal y la velocidad de las colas se agilizaría si las aplicaciones tuvieran en cuenta esas posibilidades.
4) En las facturas y otros impresos actuales no existe ni espacio para los céntimos (cents.) ni la posibilidad de cambiar la moneda. Ambas cosas serán necesarias, a más tardar, el 1 de enero del 2002 por tanto será necesario rediseñarlos.
5) ¿Cómo se consolidará la contabilidad en el período de transición en el que convivirán pesetas y euros? Casi con seguridad habrá que hacer programas para homologar los resultados.
6) Los antiguos archivos no podrán ser accedidos por los programas nuevos y viceversa. Por tanto, habrá que establecer mecanismos para conservar la información anterior y hacerla utilizable. Una tarea nada fácil.

Más allá del software.

No debemos pensar que el euro es un problema únicamente para el software. También afecta al hardware y a la formación. Algunos cambios en el hardware son obligados, por ejemplo, los referentes a las máquinas de ventas que tendrán que adaptar sus equipos a las nuevas monedas, además de prever el modo en que se hace la transición de una a otra. Entre tanto, los cajeros automáticos tendrán un poco más de tiempo para sus correcciones. Cada máquina automática necesitará sistemas nuevos, ya que los euros monedas y billetes no serán del mismo tamaño que lo son las monedas existentes.

También tendrán que ajustarse las maquinarias y equipos de contar billetes, ya que el papel de los nuevos billetes es más pesado.

Hoy ya se están anunciando los precios de las mercaderías tanto en la moneda nacional, como su equivalente en euros, para que la gente comience a adaptarse a la nueva moneda.

Es importante señalar que algunas terminales de venta, de los que se usan en los comercios para hacer transacciones con tarjetas, tienen un hardware que no permite poner decimales, con lo que resulta imposible su adaptación al euro. En la cumbre de Dublín de diciembre de 1996 se adoptó un nuevo símbolo consistente en una E redondeada y cruzada por dos rayas, de una forma similar al símbolo del dólar ($). Para que dicho símbolo se haga visible habrá que cambiar las tipografías tanto de las pantallas de los ordenadores como de las impresoras, de las máquinas registradoras y letreros electrónicos. Para algunos dispositivos la tarea es complicada o imposible.

La tarjeta chip empieza a popularizarse.

Por ejemplo en los teléfonos públicos y en los transportes urbanos se utilizan la tarjeta con chips. Todos los programas actuales deberán ser modificados para que acepten tanto tarjetas emitidas en pesetas como en euros. Algunos cambios en el software y en el hardware responderán a cuestiones más sutiles. Todavía no se sabe si existirá una directiva europea que obligue a mantener los precios en las dos denominaciones durante un cierto tiempo. Al margen de una obligación legal, lo que no cabe duda es de que para los clientes será muy conveniente.

Es muy difícil imaginar un supermercado en el que, durante una temporada, no figuren los precios en las dos monedas. Ello obliga a cambiar el software y, probablemente, el sistema de etiquetado. La formación será un aspecto crucial entre las personas que den un servicio al público. Sin duda, surgirán muchas preguntas que habrá que responder.

También el tema será más arduo con el personal que trata con grupos de ancianos, pobres y discapacitados. Probablemente todo ello deba reflejarse en las ayudas automatizadas integradas en los Sistemas Informatizados.

Todo esto nos indica que hoy se está produciendo una serie de cambios e implantaciones en todo lo que tenga que ver con el diario vivir.

No se podrá postergar la fecha.

Para las empresas con miles de programas es un tiempo sumamente breve, para las demás tampoco es amplio. Se deben examinar todos los programas para ver las referencias a monedas nacionales, a tipos de interés y a fechas. Sin olvidar el impacto en la conversión, las reglas de redondeo

y la decisión de qué se va a hacer en el período de convivencia de las dos monedas. Actualmente se están encontrando con los problemas habituales de toda conversión:
 a) Sistemas vitales que son muy viejos y fueron creados por técnicos que hace tiempo que abandonaron la empresa (y posiblemente escritos en lenguajes obsoletos)
 b) Documentación desactualizada o falta absoluta de la misma.
 c) Desconocimiento exacto de las relaciones entre las diversas aplicaciones.

A medida que se acerque la fecha del 2002, los recursos humanos estarán todos ocupados. No será posible contratar a nadie. Es interesante recordar aquí que la industria de servicios informáticos europeos no es capaz de satisfacer nada más que 20% de la demanda que va a existir, para ese entonces.

Todo preparado para comenzar.

Desde el 1 de enero de 1999, las empresas pueden financiarse de un modo más barato si lo hacen en euros y acuden al gran mercado europeo. Si para los pagos transnacionales eligen el euro, sus comisiones son mucho más bajas, gracias al sistema de transferencia electrónica europea Target.

El Fondo Monetario Internacional ha estimado que los ahorros que se obtendrán simplemente por evitar los cambios de moneda representan 3% del PIB, lo que repercutirá directamente en una mayor productividad.

Desde el 1 de enero de 1999 no existe el euro como moneda de uso público (billetes y monedas), pero sí con otros fines. Por ejemplo, todas las emisiones de deuda pública se hacen en euros, al igual que la política monetaria y de cambios de la UE. Cabe destacar que esto afectará a todas las entidades financieras de la moneda única. También afectará a las multinacionales que operan en el ámbito europeo.

El 1 de enero de 1999 entró en funcionamiento un sistema de pagos europeo electrónico en tiempo real denominado Target que sólo procesa transacciones en euros. La paridad entre monedas nacionales y euros para los países que integran la Unión Europea quedó fijada definitivamente. Dejando de existir la actual banda de fluctuación. Los cambios afectan más profundamente a los países que forman parte de la moneda única, pero también influyen en los demás del resto de las naciones del mundo.

Todo esto nos hace pensar con mayor convicción cada día, que esto no es nada menos que el gran resurgimiento del Imperio Romano, cualquiera recordará según la historia, que durante el mismo en la antigüedad, disfrutaban de una moneda común.

La moneda siempre ha tenido la garantía de un poder político y militar. Esta moneda es la culminación del marco de la Unión Europea, se la considera el instrumento para afirmar y establecer con mayor intensidad una economía globalizada. El calendario que se había previsto para el establecimiento de esta moneda, está marchando de acuerdo a lo pactado, quedando de la siguiente forma:

Año 1998.

Selección de países que adoptaron inicialmente el euro, esto ya ha sido aprobado.

a) De enero de 1999 a 1 de enero de 2002.
b) El euro, nueva moneda de los estados miembros.
c) Adopción definitiva por ley del precio o equivalencia del euro en monedas nacionales.
d) Libre utilización del euro en transferencias bancarias y similares. Uso de billetes y monedas nacionales para cobros y pagos en metálico, aunque la operación esté denominada en euros.

e) Desarrollo de la producción de los nuevos billetes y monedas en euros.

1 de enero del 2002 fecha límite.
Puesta en circulación de los billetes y monedas en euros.

1 de enero 2002 - 1 de marzo 2002.
Sustitución de billetes y monedas nacionales por billetes y monedas en euros.

El euro, será la única moneda de curso legal en la Unión Monetaria Europea. El diseño de los futuros billetes de la moneda única europea será en siete denominaciones, 5, 10, 20, 50, 100, 200 y 500 euros.

Para que los ciegos puedan distinguir unos billetes de otros, en uno de sus bordes, llevarán grabado, en calcografía profunda, su valor en Braille. El diseño de las monedas serán en denominaciones de 1 y 2 euros y en 50, 20, 10, 5, 2, 1 centésimos.

Al lograr la Unión Europea, establecer dentro de su marco la unión monetaria con el euro, el orden global será alterado drásticamente y las monedas internacionales como el dólar y el yen serán afectadas. El nuevo sistema monetario europeo funcionará con esta única moneda, los mercados de valores europeos se volverán más amplios, más fuertes y más líquidos que los Estados Unidos.

Todo esto hará desviar el interés en el dólar y sus valores, lo que obligará a este país a aumentar las tasas de interés para hacer que los inversionistas internacionales utilicen dólares en lugar de euros.

A medida que avanza la única moneda, esto da a entender que habrá un mayor auge en el comercio global, y el sistema económico cambiará, no sólo por el hecho de esta moneda única, sino que los demás bloques de mercados internacionales se verán obligados a aceptar esta nueva forma. Esto provocará un incentivo a nivel mundial, para que de igual modo como se logró una única moneda en la Unión Europea, se pueda establecer también en el resto del mundo o sea en los diez diferentes mercados mundiales.

La Unión Europea esta convencida de que las ventajas del euro, es para más crecimiento, más competencia y más empleo, y esto disipará las dudas, y producirá el deseo de ser imitado.

El euro es el efecto de la integración económica Europea occidental que ha producido el mayor mercado sin fronteras del mundo. Con el sólo 6% de la población mundial, la futura zona del euro, representa una quinta parte de la riqueza del mundo. Por lo tanto la moneda única facilitará, además la competencia entre las empresas y aumentará las inversiones mundiales.

Las consecuencias del euro, es la pérdida total de soberanía de los estados miembros participantes.

A la expansión del euro contribuirán también las relaciones comerciales con los países del tratado Euromediterráneo, América Latina y los países de Europa central y oriental, que tendrán que sustituir parte de sus reservas de dólares por euros.

El establecimiento del euro es una confirmación más de que el sistema de unificación está siendo acelerado.

Una Europa estable en su economía, será el medio que atraerá al mundo a la unificación total.

Hoy ya se está hablando en los países del Mercosur, (Brasil Uruguay Argentina, Paraguay y Chile) de crear una única moneda, para alcanzar mayores objetivos, ya que esto determinará una mayor integración. La Unión Europea ratificó el interés de acercarse al Mercosur para formar una verdadera asociación política y económica, en el marco de una progresiva y recíproca liberalización del comercio, que servirá para consolidar los lazos históricos y culturales entre los dos continentes.

Se ha preguntado alguna vez ¿cómo afectará el euro al sistema de la empresas y mercado global? ¿Cuáles serán los impactos operativos del euro en Europa y el resto del mundo? ¿Y cómo también afectará a los Sistemas Informáticos?

Una de las áreas de la empresa en las que mayor será el impacto de la llegada del euro va a ser en las tecnologías de la información (hardware, software y bases de datos de la empresa).

Con la entrada en vigor del euro los sistemas informáticos que utilizamos deberán reconocer los decimales y realizar correctamente los cómputos y operaciones basados en la nueva moneda europea.

Un profundo análisis del impacto de éstos y otros temas llevará a las empresas y con mayor apreciación a los sistemas bancarios, al convencimiento de que si será suficiente una adaptación de los sistemas actuales o deberán por el contrario, proceder a la renovación de los mismos.

Estos son algunos de los aspectos a tener en cuenta para tomar esta decisión:

- Coste de adaptar los sistemas antiguos o comprar nuevos.
- Costes de mantenimiento de equipos y sistemas.
- Futuras necesidades de negocio.

El tiempo estimado para la conversión en una empresa dependerá fundamentalmente de la complejidad y antigüedad de sus sistemas, la documentación de los lenguajes de programación utilizados en las aplicaciones a medida, la estructura de sus bases de datos y las soluciones estandarizadas que existan en el mercado sobre el tema euro. Este proceso puede situarse, según algunas estimaciones, entre 9 a 12 meses.

LA GLOBALIZACIÓN Y SU CUMPLIMIENTO PROFÉTICO

Habrá igualmente un trabajo intenso de revisión y todas las aplicaciones informáticas, que tengan que ver directamente con la nueva moneda o sea el euro, estas serán las siguientes:
- Facturación.
- Sistemas de control de la producción.
- Conversión de cuentas y cálculo de costes.
- Planes de inversión.
- Sistemas de nóminas.
- Cierres anuales e informes.
- Cálculos fiscales.
- Pagos de pensiones.

Desde las diferentes plataformas económicas están haciendo un llamado para que revisen todas las conexiones informáticas entre todos los sistemas de vendedores y compradores. También se está advirtiendo que analicen en forma cuidadosa, cuál será la repercusión e impacto en todos los sistemas informáticos con relación al nuevo milenio. Lo que más se está insistiendo es en no invertir en sistemas provisionales que no sean compatibles con el euro, así como las inversiones en adaptaciones temporales al euro que no sean realmente capaces de mantenerse en el futuro.

Todo esto nos indica en qué tiempo de la profecía nos encontramos.

Todos estos mecanismos con relación a la nueva moneda, no son más que otra parte del gran engranaje del movimiento profético, de los últimos días. Es importante notar, que ahora es una moneda sustituyendo a 15, luego más tarde a 28 y así será rápidamente implantándose en el resto del mundo, siendo el fin de todo esto la desaparición por completo de todo lo que tenga que ver con monedas o efectivo, para sólo quedar el sistema económico virtual.

De acuerdo a las profecías bíblicas, el anticristo se moverá, dentro de un sistema de economía electrónica, como en parte ya lo estamos viendo, de manera tal que nadie pueda comprar ni vender a menos que tenga una **marca de codificación**.

> *Y hacía que a todos, pequeños y grandes, ricos y pobres, libres y esclavos, se les pusiese una marca en la mano derecha, o en la frente; y que ninguno pudiese comprar ni vender, sino el que tuviese la marca o el nombre de la bestia, o el número de su nombre.*
>
> Apocalipsis 13:16-17

Mientras el dinero en efectivo siga funcionando, esto no podrá ser logrado. Es mi oración a Dios, que mientras continúas leyendo, el Señor revele a tu vida, en dónde tienes que hacer tu verdadera inversión. Ahora es el momento donde tu vida está siendo confrontada con la realidad que estamos viviendo. ¿Seguirás confiando en tus recursos, dinero o economía? ¿o te decidirás a decirle al Señor, quiero sembrar en tu obra y en ministerios que están ganando almas para tu reino, porque el tiempo es breve?

Capítulo cuatro

Seguridad en las huellas

Olvide las contraseñas y los números "PIN estos son muy fáciles de olvidar o de perder", estas son declaraciones que se escuchan continuamente. En lugar de eso, imagina que utilizas tus huellas dactilares o tu tono de voz para verificar tu identidad, tanto para autorizar transacciones como para encender tu ordenador o computadora.

¿Te suena esto algo así como a ciencia ficción?

En realidad, estos modos de control de seguridad o identificación de personas mediante medidas estadísticas de las características corporales están siendo cada vez más utilizados en las transacciones diarias.

Investigadores de IBM han desarrollado algunas de estas altas tecnologías informatizadas diseñadas para convertir esto en una realidad:

- El sistema automático Fastgate, actualmente en pruebas, permite que los viajeros registrados verifiquen su identidad mediante el chequeo de sus huellas y puedan continuar su viaje.
- Cada día que transcurre se está incrementando considerablemente los usos de estas tecnologías

experimentales "personal área network" (PAN), que establece la protección del acceso a las aplicaciones del PC y otros muchos servicios.

- El sistema de IBM Research, llamado "Falgorithm" no sólo encuentra similitudes escondidas en las cadenas secuenciales de ADN o proteínas, sino que además, unas estructuras moleculares identifican huellas dactilares en cuestión de segundos, utilizando todas las clases de posibles aplicaciones seguras.

El sistema de la tecnología biométrica también puede ser incorporado en las tarjetas inteligentes para incrementar los niveles de seguridad, tanto para los usuarios como para la información de acceso de las tarjetas.

El control de la economía se impone con más intensidad.

Cuando abrió el tercer sello, oí al tercer ser viviente, que decía: Ven y mira. Y miré, y he aquí un caballo negro, y el que lo montaba tenía una balanza en la mano. Y oí una voz de en medio de los cuatro seres vivientes, que decía: Dos libras de trigo por un denario, y seis libras de cebada por un denario; pero no dañes el aceite ni el vino.

Apocalipsis 6:5-6.

El tercer jinete, aparece montado en un caballo negro, esto es tipo del hambre, escasearán los alimentos y los precios serán aumentados en gran manera, todo esto se produce cuando hay una inflación y un descontrol en el sistema económico, como ya he explicado en los capítulos anteriores. Mas lo que llama la atención es que tiene una balanza en la mano. Naturalmente que este instrumento que lleva nos habla de pesar, de establecer medida, algo así como un tipo de control absoluto.

Y habiendo convenido con los obreros en un denario al día, los envió a su viña.

Mateo 20:2.

Un denario equivalía al jornal de un día de un obrero, o de un agricultor, mas éste y su familia tendrían que comer el pan por medida, de acuerdo a la profecía de Apocalipsis. Esto nos habla de un situación de conflictos y crisis económicas, un obrero necesitaría todo un día de salario, para poder alimentar a su familia. Esto tiene que ver, en que llegaría un momento cuando para poder comprar y comer, tendrían que ser marcados, de acuerdo a lo que dice Apocalipsis 13:16 en adelante.

Al observar la realidad de este texto, podemos determinar que los alimentos serán controlados, por la regulación de un precio previamente establecido y a la vez nos está indicando que una crisis económica e inflación progresiva, se produciría en la humanidad en aquellos días. Para ello la plataforma de este sistema que será implantado, mundialmente ya está siendo establecido.

Esta revelación, nos da a entender que en un futuro, habría una economía globalizada e integrada. Todos somos testigos de qué manera esto está avanzando en estos tiempos.

Algo que deseo destacar, es que llegará el momento cuando efectivamente, se desarrollaría un plan a nivel mundial, en donde los humanos, serían llevados a una forma, de que ya no tengan que depender del dinero en efectivo, mientras esto funciona, pues es fácil esconderlo, o guardarlo de manera tal que se pueda utilizar cuando fuere necesario. No debes de olvidarte que el proyecto que se está llevando a cabo, en forma muy sagaz y sutil, primero es la desaparición progresiva de las monedas nacionales, para establecer una sola moneda, como lo es el euro, y después será hacer desaparecer todo dinero en efectivo. Las condiciones están siendo bien demarcadas a tal punto, que las personas dependerán de un sistema de compras, en la que cada centavo que gasten será totalmente registrado y controlado. En verdad todo está cambiando tan rápidamente, que la sociedad de nuestros días, está siendo acondicionada y adaptada a un nuevo estilo de vida. Por lo tanto observaremos en qué forma todo está siendo conducido.

Con el incremento en las necesidades de seguridad, muchas empresas están recurriendo a la tecnología biométrica, para protegerse contra posibles violaciones a mecanismos convencionales como las palabras clave, las cuales pueden ser robadas fácilmente, así como perdidas u olvidadas. Este nuevo sistema de gran tecnología biométrica utiliza características físicas, como las huellas digitales o impresiones de retinas para identificar a la gente.

Ya existe en el mercado una microcomputadora que funciona como un bolígrafo común, reconoce firmas. Se ha indicado que para resolver el problema de la falsificación de ellas, sensores especiales en la Smartpen, o sea bolígrafo inteligente, determinan cómo es que una persona escribe su firma, incluyendo la fuerza aplicada al papel, la aceleración de la pluma y el ángulo en el cual es manejada.

Todo esto hace pensar en la realidad que estamos viviendo, no dejando por un instante de reconocer que somos llevados a mirar muy de cerca el escenario del acontecer profético. Por lo cual te animo a que continúes leyendo este libro y tú mismo llegarás a una clara y convincente conclusión en qué tiempo está la humanidad viviendo. Ya es hora que se deje de mencionar la palabra casualidad o coincidencia, para aceptar definitivamente el cumplimiento de las profecías bíblicas, reveladas y manifestadas en este tiempo presente.

El sistema biométrico de reconocimiento de huellas digitales es compacto y capaz de desarrollar con alta precisión las funciones del sistema de identificación.

Sus funciones son técnicamente impresionantes.

Su especial funcionamiento incluye el uso de una unidad de imagen óptica, la cual ofrece una visión óptica de una manera precisa de la huella digital, resultado del desarrollo de una nueva tecnología especial para tal propósito. La huella digital se obtiene a través del escáner o rastreador por medio de un prisma que graba la imagen. La imagen de la huella digital se obtiene y graba a una velocidad de veinticinco a treinta imágenes por segundo. Luego, el sistema convierte dicha imagen en una muestra de referencia interna matemáticamente confeccionada en forma precisa.

Con el objetivo de acelerar el proceso de identificación se creó una dependencia directa entre la parte física del ordenador (hardware) y la parte lógica del mismo (software), accediendo directamente el de la unidad de identificación y reduciendo así enormemente el tiempo de acceso e identificación. La muestra de la referencia interna puede ser almacenada en un ordenador o computadora anfitrión, una estación de trabajo o un usuario específico que sirva como portador de datos.

Por ejemplo, una tarjeta almacenadora activa de tamaño similar a una tarjeta de crédito, que porta un usuario determinado y que puede introducir a la unidad de verificación a tales fines. La tecnología de identificación, a través de las huellas digitales, es una nueva definición de control de los humanos, que se impone con mayor intensidad cada día en las diferentes naciones del mundo.

Rápidamente se viene preparando el camino hacia el mayor control de los humanos. Por ejemplo STARTEK es un sistema de Identificación biométrica de alta precisión.

Esto establece una nueva definición en lo que concierne a seguridad de control. Utilizando principios matemáticos complejos, STARTEK desarrolló un software o programa de identificación que ofrece un procedimiento de comparación más definido y distinto, que busca por lo menos dieciséis puntos correspondientes y facilita, a la vez, una identificación definitiva en menos de dos segundos. La posibilidad de encontrar dactilogramas correspondientes cuando se revisan los veinticinco puntos es la siguiente:

Dactilogramas:

Después de que expertos examinaran las huellas digitales de millones de personas basándose en factores biológicos de sus dactilogramas, han llegado a la conclusión reconociendo que cada individuo posee en sus huellas digitales, inalterables y particulares características, lo cual da lugar a la identificación personal de cada individuo. Asimismo, se ha establecido, que la yema del dedo guarda un patrón de piel en forma de vueltas, arcos o remolinos colocados de una manera particular y única en cada ser humano, los cuales nunca cambian después del nacimiento.

El camino a una mayor identificación tecnológica.

En los últimos años, ha habido un incremento constante en la demanda de sistemas de identificación, determinando un mayor estado de seguridad en el proceso de información de los seres humanos. Esta clase de sistema de identificación de las personas, pueden ofrecer tal seguridad en razón de que provee una relación directa y biológica entre el sujeto al que se le otorga el acceso o privilegio y el área restringida.

Debido a los cruciales avances tecnológicos, y por consecuencia de la baja en los precios del sector electrónico, la aplicación de la biométrica ha cambiado, del uso casi exclusivo y tradicional en áreas de alta seguridad, verificación para una amplia gama de aplicaciones en la vida privada y comercial.

Cómo se componen este tipo de identificación.

- Unidad de luz y control de iluminación.
- Prisma de grabación de imagen.
- Unidad de imagen de alta ejecución óptica.
- Unidad de procesador de caracteres.
- Unidad de identificación.
- Tarjeta de almacenamiento activa y tarjeta de recepción.

Avanzan las tecnologías de vigilancia y control.

El avance de la tecnología hace posible localizar a la persona en cualquier lugar del planeta.

> Iridium pone el mundo "en tus manos".
> Se podrán enviar desde el móvil faxes, voz y datos a todo el planeta, ya no hay dónde esconderse.
> Con la entrada en funcionamiento de Iridium, un novedoso sistema de telefonía móvil, te podrán localizar, incluso en las zonas más recónditas y aisladas del planeta.

Así encabeza el titular de una noticia que informaba sobre el avance extraordinario de los medios de comunicaciones con una capacidad de cobertura global. En estos días el mundo se está haciendo inevitablemente más pequeño.

Iridium, es una constelación de 66 satélites, uno de los mayores proyectos lanzados hasta ahora, esto hace posible comunicarse a todos los rincones del planeta. No importa que se trate de la Antártida, Nueva York o las cumbres del

Himalaya, cualquier mensaje hablado o escrito puede llegar al instante y sin dificultad, esto está siendo una realidad desde el 1 de noviembre del año 1999.

Ya no será necesario encontrarse cerca de una torre de retransmisión o en una zona de máxima cobertura. Sea cual fuere la situación, siempre hay un satélite dispuesto a recoger el mensaje.

Estos ingenios espaciales, situados a 780 kilómetros de distancia de la Tierra, están distribuidos de tal manera que pueden dialogar entre sí para intercambiar las llamadas telefónicas. Los potenciales clientes de Iridium, cuyo desarrollo ha costado millones de dólares, son profesionales que viajan por todo el mundo, empresas de transporte marítimo y aéreo, médicos, equipos de rescate, periodistas o trabajadores en plantas petrolíferas y de gas, que con sólo marcar un número de teléfono podrán transmitir voz, datos y faxes desde sus móviles a cualquier lugar del planeta.

Al ser compatible con otros sistemas, su principal ventaja radica en que uno no sólo puede comunicarse con otros abonados de Iridium, sino con los usuarios de cualquier tipo de servicio de telefonía móvil.

El precio de la llamada oscilará en aproximadamente unos 2 dólares por minuto, dependiendo del lugar de origen y del destino. Por ejemplo, si se produce desde Europa a África, será más barato que si se hace desde Europa a Australia.

Motorola y Kyocera, además de fabricantes, serán las encargadas de comercializar los pequeños teléfonos a través de tiendas autorizadas, donde los aparatos han empezado a venderse desde principio del año 1999. Iridium, de momento, ha conseguido la autorización para operar en más de 100 países.

EL "BUSCA".

La oferta incluye también un buscapersonas global, el primero con estas características, desde el que se puede enviar mensajes escritos y localizar a una persona en cualquier punto del globo, incluso si el teléfono está desconectado o fuera de cobertura.

Unos 42 millones de usuarios potenciales utilizarán las comunicaciones por satélite en el año 2002, según cálculos del sector. Para Iridium, en cambio, la fecha marca el inicio de una lucha contrarreloj, en la que tendrá que hacer frente a una dura competencia.

Globalstar, su más inmediata rival, ya ha empezado a desarrollar un proyecto similar con 48 satélites, cada uno de ellos capaz de establecer 28.000 llamadas simultáneas.

Su objetivo es conquistar el mercado chino, formado por 1.200 millones de habitantes, de los que sólo un 5% dispone actualmente de las líneas telefónicas convencionales.

Los astrónomos, por su parte, han puesto el grito en el cielo, y temen que la entrada en funcionamiento de Iridium, y otros sistemas similares, deje a la Tierra incomunicada del resto de sus vecinos.

> Será como si al planeta le hubieran ceñido un escudo impenetrable. Impedirá que lleguen hasta nosotros las señales de radio provenientes de estrellas y galaxias lejanas —dice el astrónomo Rafael Bachiller, del Observatorio Astronómico Nacional.

Las ondas generadas por Iridium invadirán, por ejemplo, la llamada región hidroxil, empleada para detectar estrellas que están a punto de extinguirse, un curioso fenómeno que se capta en una frecuencia de 1.612 megahertzios.

Por eso, cuando la nueva red de telefonía móvil empiece a emitir entre 1616 y 1625 megahertzios "será prácticamente imposible detectarlas", recalca el astrofísico.

Michel Lyle, directora de comunicación de Iridium en Washington, aseguró que hasta el año 2005, fecha en la que los actuales satélites caducarán y serán sustituidos por otros:

> No habrá problemas de interferencia debido al pequeño volumen de tráfico de llamadas previsto hasta entonces.

Todo esto confirma en qué manera tan extraordinaria se viene desarrollando, a tal efecto que el mundo y sus habitantes estén totalmente comunicados en forma rápida e inmediata.

Hasta mediados del siglo XX, las posibilidades técnicas al alcance del Estado para vigilar a sus ciudadanos implicaban más que nada las tareas de rutinas del investigador o detective privado. Se requería un gran número de agentes para detectar las actividades de la gente y seguirla de cerca de un lado a otro, constatando con quién se reunían, a dónde iban y cuáles eran sus movimientos.

Solamente los gobiernos dispuestos a llegar a extremas condiciones de control de ciertas personas estaban en condiciones como para mantener un amplio control. La policía secreta de Alemania Oriental, por ejemplo, contaba con medio millón de agentes secretos (aproximadamente 1 por cada 32 habitantes del país), incluyendo diez mil empleados a tiempo completo sólo para oír y transcribir conversaciones sospechosas por medio de intervenciones telefónicas o en lugares donde se colocaban cientos de micrófonos. Pero ahora, los rápidos avances tecnológicos y la demanda de más eficiencia burocrática con menos personal, están promoviendo en todo el mundo la manera más efectiva de vigilar y controlar a los humanos desde el nacimiento hasta la hora de la muerte, de lo que consumimos a lo que nos enferma, de la cuenta de banco a las opiniones políticas.

Nuevas técnicas desarrolladas por el complejo militar-industrial se extienden a la policía, de más instancias oficiales y compañías privadas. El desarrollo de sostificados sistemas de computación capaces de procesar grandes cantidades de datos aumentó en forma inimaginable el estado de control de cada individuo, convirtiéndolo en una ficha más de información procesada.

Además de los grandes recursos destinados al desarrollo de métodos para hacer cumplir sus mandatos, los gobiernos están aplicando los nuevos medios informáticos para aumentar la eficiencia de los mismos. Compañías que ofrecían servicios tales como ventas por teléfono, seguridad privada, banca, empezaron a valerse del nuevo hardware y software informático no solamente para fortalecer sus capacidades administrativas, sino también aplicándolos al crédito, al mercadeo y otros usos. Hoy día, la reseña de casi cada persona en el mundo desarrollado (y de cada vez más gente en el Tercer Mundo) está archivada en un conjunto de bases de datos recogidas, analizadas y accesibles para gobiernos y grandes empresas a cualquier hora y minuto que lo determinen. Estas computadoras están interconectadas y comparten sus informaciones en el mundo del ciberespacio de todos los sistemas informatizados. Usando redes de alta velocidad con inteligencia avanzada y números de identificación tales como el número del seguro social en Estados Unidos o el documento nacional de identidad en otros países, las computadoras pueden crear instantáneamente completos archivos de millones de personas sin necesidad de un sistema centralizado.

Nuevos adelantos en genética, en investigación biométrica, avanzados sistemas de registro telemático, de "transporte inteligente de datos", y de transferencias financieras han aumentado dramáticamente la cantidad de detalles disponibles.

Diversos convenios internacionales facilitan el intercambio de información a través de las fronteras, y al igual que las legislaciones nacionales, con el pretexto de "garantizar la seguridad" frecuentemente impiden que la sociedad civil pueda enfrentar, o incluso reconocer, tales invasiones a la vida de las personas. Hoy se están produciendo tarjetas de identidad que tienen huellas dactilares electrónicas e imágenes del rostro, y hay la posibilidad de confrontarlas por enlace telemático con una base de datos que cubre la totalidad de la población. La base abarca casi todas las agencias de los gobiernos y estan controlada por el Ministerio del Interior, controlado por la policía y el ejército.

Control Data Systems diseñó un sistema que permite acceso a una gran variedad de bases de datos incluyendo:

- Base Central de la Población
- Sistema Electoral Nacional
- Base de los Miembros de Partidos Políticos
- Listas de Votantes
- Sistema de Registro Electrónico de Minorías
- Sistema de Identificación de Huellas Electrónico
- Sistema de Identificación Facial Electrónico
- Sistema de Información de Población y Vivienda
- Sistema de Recaudación de Impuestos
- Sistema de Información de Pueblos
- Sistema de Información Secreto
- Sistema de Opinión Pública
- Sistema de Investigación Criminal
- Sistema de Seguridad Nacional
- Sistema de Control de Pasaportes
- Sistema de Control de Conductores
- Sistema de Registro de Armas
- Sistema de Registro Familiar

- Sistema de Control de Extranjeros
- Sistema de Control de Inmigración.

En un mundo computarizado y conectado a la red, un número de registro único, personal y universal permite la fácil recuperación y consolidación de datos. Así, las tarjetas inteligentes, ampliamente utilizadas en Europa, tienen un circuito microelectrónico que puede guardar varias páginas de información.

La aún más avanzada tecnología óptica, capaz de guardar cientos de páginas de datos en un microcircuito está en uso en los EE.UU. Columbia/HCA Healthcare Corporation anunció recientemente que iba a proveer a 50.000 residentes de la Florida con tarjetas conteniendo su historial médico. Los identificadores de función múltiple son el siguiente paso.

Utah es uno de los varios Estados que ha propuesto una "Smart Card" única para servicios tan diversos como el registro de vehículos y las bibliotecas. Otros proyectos en discusión, de lo que el actual vicepresidente Al Gore denomina "ree-inventar el gobierno", piden un registro único para beneficios de asistencia pública, sellos de comida, y otras tareas del gobierno federal. Florida y Maryland ya han experimentado con este tipo de concepto.

Las tarjetas se vuelven cada vez más inteligentes. Placas activas, ya en uso en muchas compañías de alta tecnología, transmiten su ubicación y por lo tanto, la del portador. La verificación biométrica por medio de características físicas únicas empezó al final del siglo XIX con las huellas dactilares. Recientemente, sistemas automáticos que hacen escáners electrónico y digitalizan huellas han llevado la técnica más allá de la aplicación tradicional en investigaciones criminales, permitiendo por ejemplo que las autoridades de Jamaica avancen en un plan para identificar electores con el reconocimiento electrónico de su impresión dactilar.

Nuevos adelantos en genética, en investigación biométrica, avanzados sistemas de registro telemático, de "transporte inteligente de datos", y de transferencias financieras han aumentado dramáticamente la cantidad de detalles disponibles. Hoy por hoy convenios internacionales facilitan el intercambio de información a través de las fronteras, y al igual que las legislaciones nacionales, con el pretexto de "garantizar la seguridad" frecuentemente impiden que la sociedad civil pueda enfrentar, o incluso reconocer, tales invasiones a la vida privada de las personas.

Los sistemas de pago incorporan la gestión de terminales de autoservicio y de punto de venta e interfaces a redes de marca internacionales.

INTERLINK es un servicio que viene operando desde el año 1983 y ha desarrollado una cartera de productos para cubrir las necesidades cambiantes de un mercado global. Con más de 180 establecimientos y clientes en más de 65 países de todo el mundo, están especialmente capacitados para ofrecer soluciones que respondan a los más variados sistemas de control en los mercados internacionales.

Smart Card o tarjeta inteligente 99 fue el principal exhibidor y la conferencia dedicada a todos los aspectos de la tecnología de tarjeta inteligente, y es la mayor exposición dedicado a tarjetas. Una de estas soluciones es un exitoso sistema de monedero electrónico para cajeros automáticos y proveedores de redes punto de venta. La otra solución es dedicada especialmente para proveedores de servicios, quienes desean ultimar en el interfaces de control al cliente.

Y progresivamente se va introduciendo el soporte de reconocimiento de dedo impreso como una alternativa al tradicional PIN (número de identificación personal) como método de identificación en su solución clave del Cajero automático.

La persona simplemente introduce su tarjeta en el Cajero automático, y después que la verificación inicial es completada, se requiere la colocación de un dedo sobre un escáner especialmente diseñado. Una imagen de un dedo escaneado es emparejada con la imagen del dedo registrada del cliente y si la autenticidad del cliente es genuina será posible el poder acceder a la extensión de servicios del Cajero automático sin necesidad de introducir el PIN secreto.

El proceso de imagen está basado en holografía digital, usando un escáner electro-óptico sobre el tamaño de un pulgar. El escáner lee los datos tridimensionales del dedo, así como las ondulaciones de la piel, crestas y valles, para crear un único patrón, el cual es compuesto en un archivo plantilla y grabado en la base de datos. Esto no tiene que ver con un dedo impreso, ya que éste no podría ser creado de ninguna forma desde una plantilla, ya que ésta puede ser comparada con una imagen nueva de un dedo presentado en vida y no con otra plantilla.

Con un 0.0001% de probabilidad de una aceptación errónea, esta solución suministra un nivel de seguridad, el cual no puede ser alcanzado por ningún otro conocimiento, haciendo así de esta forma una manera de establecer un control mayor. Todos los seres

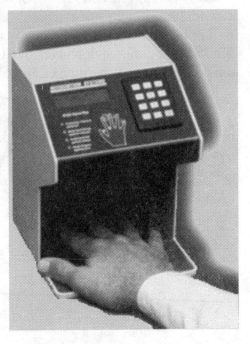

Escáner de mano

humanos poseen características que los distinguen en forma individual y particular. Las huellas dáctilares, las circunvalaciones de las orejas, el código genético grabado en el AND, el tono de la voz y el iris de los ojos son únicos para cada persona, en este último caso, incluso hasta tratándose de gemelos idénticos o mellizos.

Algunas de las tecnologías de identificación humana, como la que emplea las huellas digitales, está disponible en el mercado desde hace varios años, siendo perfeccionadas cada día y en proceso de desarrollo y experimentación, en la vida de los seres humanos.

IriScan otra manera de identificación.

La que utiliza las singularidades del iris del ojo ha hecho su aparición en el mercado internacional, siendo aceptada rápidamente. Me refiero a el IriScan, esta tecnología utiliza el iris, la porción de color de los ojos, para identificar a los individuos.

Los ojos muestran mucho más que las emociones, pueden incluso, poner al descubierto la identidad de una persona. El iris de cada persona es único a tal grado que el ojo

Escáner del iris

izquierdo y el ojo derecho no son iguales, teniendo una identidad única, algo así como una barra de códigos humana.

Los cajeros automáticos que pueden reconocer el iris de los ojos de cada cliente, está eliminando progresivamente la necesidad de los códigos personales. Esta nueva identificación están siendo instalados en los bancos alrededor de todo el mundo.

Las investigaciones científicas han demostrado que el iris es la estructura más exacta en datos de todo el cuerpo humano, con 266 características analizables, en comparación con una 35 de las huellas dáctilares de los dedos. Este sistema de IriScan crea un código matemático derivado de los patrones únicos del iris del usuario. A diferencia de otros sistemas, el de IriScan no es invasivo, nada es apuntado hacia el ojo. El IriScan puede escanear el iris de una persona, incluso si ésta utiliza anteojos, sin importar el color, o lentes de contacto, aun ni la cirugía puede variarlo.

Los ojos serán lo que sirva para identificar a los clientes de los bancos en el nuevo siglo XXI —manifestó Drury, en su pabellón de exhibición de la Bank Administration Institute Ratail Delivery 99, una conferencia que se celebró en el Centro de Convenciones de Miami Beach.

El funcionamiento de este sistema es más confiable que otros sistemas de identificación por su altísimo porcentaje de eficacia y físicamente no invasivo. No realiza dichos reconocimientos por medio de radiaciones, ni láser infrarrojos u otra tecnología que pudieran afectar la visión. Sólo usa televisión.

Por otra parte, el sistema de enfoque elimina todo contacto físico entre el equipo y la persona a identificar.

LA GLOBALIZACIÓN Y EL CUMPLIMIENTO PROFÉTICO

Escáner de dedo

Requiere unos pocos segundos para adecuarse a su funcionamiento, una identificación positiva puede ser lograda en menos de 3 segundos.

La capacidad de almacenamiento de registros a comparar es ilimitada. Puede ser utilizado en cualquier sistema de registro y control y es compatible con tarjetas magnéticas, teclados numéricos u otros métodos.

De hecho, una de sus versiones habilita el acceso sólo cuando el código del iris registrado, un *password* numérico y otras características biométrica de la persona a identificar coinciden plenamente. Dispone de una opción para detectar una operación del sistema por parte de una persona autorizada, pero actuando bajo coacción y notificar silenciosamente tal anormalidad a una posición remota.

Las investigaciones y experiencias acumuladas han probado que es el producto más confiable para la identificación digital de personas.

Estas son algunas de las aplicaciones donde puede ser utilizada.
- Registrar ingresos o egresos.
- Iniciar o cerrar operaciones.
- Abrir o cerrar accesos.
- Acceder a tesoros.
- Acceder a bases de datos o a módulos sensibles de ellas.
- Validar o invalidar operaciones de terceros.
- Acceder a servicios médicos o bancarios.
- Conectar o desconectar alarmas.
- Las forma como funciona es de la siguiente manera:
- Sencillo registro tiempo que demora 10 segundos.
- Identificación o Verificación en 3 segundos.
- Opera aun con los lentes de contacto.
- Aplicación independiente o de red.
- Identifica exhibiendo el ojo izquierdo y derecho indistintamente.
- Puede configurarse para uso fijo o portable.
- Simple operación.
- Alto grado de automatización.
- Base de datos ilimitada.

Forma como opera:
- Porcentaje de falso rechazo: 2%
- Porcentaje de falsa aceptación: 0.0001 %
- Tiempo de reconocimiento: 0.7 seg.
- Tiempo de respuesta analógica pos reconocimiento: 3 seg.
- Tamaño de cada registro: 2 Kb
- Cantidad de individuos a registrar: Ilimitado

Una empresa de tecnología biométrica informaba lo siguiente:

> Nunca más una contraseña olvidada o robada. Simplemente ponga su dedo en el lector y sólo usted accederá a toda su valiosa información.
> La colección de aplicaciones hace fácil agregar la seguridad de la identificación de su huella digital a su computadora. Proporciona acceso con un único toque al lector. El programa protege los datos ocultándolos a operadores no autorizados y colocando un protector de pantalla luego del plazo que el usuario establezca. El mismo puede seleccionar proteger el acceso de modo total o parcial. Sólo la huella digital habilita la operación.
> Imagínese no tener que recordar y teclear una contraseña cada vez que entre a su sistema informático, simplemente coloque su dedo en el sensor, su identidad es confirmada y usted al instante obtiene acceso al sistema.
> El U.are.U Recognition Engine lee la imagen de su huella digital, extrae la información de esa impresión QUE ES ÚNICA, y crea una plantilla encriptada que es su propio y exclusivo seguro identificador tanto en su computadora familiar como de trabajo y en el ciberespacio.

La tecnología de reconocimiento del iris fue desarrollada hace aproximadamente cuatro año por John Daugman, un científico de la Universidad de Cambridge, en Inglaterra.

En la actualidad, 15 bancos en nueve países, entre ellos el Banco Itau en Brasil y el Dresdner Bank en Alemania, están probando el equipo Sensar, que reconoce el iris.

A la vez el Bank United de Houston, fue el primero en Estados Unidos en poner a prueba los ATMs hace varios meses en tres de sus 150 oficinas en Texas. Una encuesta efectuada entre 130 clientes de Bank United que se sometieron a la técnica de reconocimiento del iris mostró que noventa y dos por ciento sentía que era más segura y conveniente diciendo incluso, que era más rápida que los cajeros automáticos regulares.

Es de notar que todas estas técnicas nuevas, están siendo aceptadas muy rápidamente por la sociedad de nuestros días, de manera tal que todo está siendo acondicionado para todo aquello que será implantado globalmente.

¿Qué son los Códigos de barras?

En el ambiente de negocios hoy en día es crítico, es necesario permanecer competitivo para alcanzar el éxito.

En combinación con la tecnología de recolección de datos, los códigos de barras proporcionan un rápido, preciso y eficiente medio para recolectar, procesar, transmitir, registrar y administrar datos en una gran variedad de industrias. Las aplicaciones más comunes que se pueden beneficiar con el uso de código de barras son: artículos de venta al público, envío de paquetes, almacenamiento y distribución, manufactura, salubridad y punto de servicio.

La mejor manera de definir un código de barras es como una "clave Morse Óptica". El Código de barras consiste en una serie de barras negras y espacios en blanco de diferentes anchos que están impresos en una etiqueta para identificar artículos exclusivamente.

Las etiquetas de código de barras son leídas con un escáner, el cual mide la luz reflejada e interpreta la clave en números y letras que son transferidas a una computadora. La identificación automática comprende el reconocimiento

Modelo del código de barras

automático, decodificación, proceso, transmisión y registro de datos más comunes a través de la impresión y lectura de la información codificada en un código de barras.

Los códigos de barras permiten una rápida, sencilla y precisa lectura y transmisión de datos de los artículos a los cuales hay que darles seguimiento.

Los códigos de barras pueden ser impresos directamente en sobres, cajas, latas, botellas, empaques, libros, archivos y en cualquier papel, muebles, tarjetas y cualquier otro medio de identificación, aun en el cuerpo del ser humano por medio de una alta tecnología de chips, incorporando dicha barras de códigos.

Las primeras aplicaciones del rastreo del código de barras, las cuales incluían artículos en el punto de venta, seguimiento de mercancías y control de inventarios, se han expandido para incluir aplicaciones más avanzadas, tales como: tiempo y servicio de asistencia, trabajo en proceso, control de calidad, clasificación, entrada de pedidos, seguimiento de documentos, embarques y recepción, y el control de acceso en áreas restringidas.

Un escáner de código de barras por lo general puede registrar datos de cinco a siete veces más rápido que un experimentado mecanógrafo. El tablero para entrada de datos crea en promedio un error en 300 tecleados. El error en la entrada de datos tiene una relación de 1 en 3 millones.

Con la recolección de datos del código de barras no solamente puede decir que clientes están comprando, sino también cuándo y en qué combinaciones. Un sistema de acceso proporciona la seguridad en todas las puertas por medio del control de acceso con tarjetas codificadas para identificación del empleado.

En las puertas y entradas se colocan escáner para tarjetas con código de barras o con cintas magnéticas y la autorización de acceso es dada por una computadora central.

Los sistemas para el tiempo y atención al trabajo utilizan tarjetas con codificación para identificación de empleado que son barridas con escáner cuando los empleados inician y terminan el trabajo. Esto permite un seguimiento automático de la nómina y elimina las hojas de tiempo y los relojes marcadores.

Cuando el pasajero se documenta, recibe un pase de abordar con su código de barras. Cada pieza de equipaje documentada es marcada con una etiqueta con código de barras que contiene dos símbolos: uno indica el destino y el otro proporciona al pasajero que pertenece. Conforme el equipaje se va cargando al avión, los símbolos se barren con el escáner y se crea una lista de todo el equipaje y el pasajero asociado. Cuando los pasajeros abordan el avión sus pases de abordar son barridos con escáner para crear otro archivo de datos. De esta manera es posible para la computadora comparar los archivos de datos y asegurarse de que no hay equipaje a bordo que no esté asociado al asiento de un pasajero sentado. Si se determina que alguien ha documentado una maleta y no está a bordo, es posible eliminar las maletas sospechosas antes de la salida del vuelo.

El Código de barras es una Tecnología Identificación Automática. Permite recolectar datos precisa y rápidamente. Un Código de barras consiste de una serie de barras adyacentes, paralelas y espacios. Los diseños predeterminados de anchura se utilizan para codificar datos reales en el símbolo.

Los Códigos de barras como sistema de recolección de datos automática son muy sencillos: la velocidad y exactitud. Una y otra vez se ha probado que capturar datos con Códigos de barras es por lo menos 100 veces más rápido y más exacto que la captura normal por teclado, que se traduce en un aumento dramático en la eficiencia y productividad para cualquier operación.

En los últimos años la velocidad en los negocios se ha aumentado considerablemente. Los modernos sistemas de la tecnología de la comunicación han provocado un cambio en casi todas las esferas del diario vivir.

La tecnología de Códigos de barras ha revolucionado los antiguos métodos de identificación, los sistemas actualmente utilizados agilizan los procesos de recuperación de datos. Años atrás la información era procesada en forma manual por las personas, o en el supermercado ingresando a mano los precios y código de producto en una caja registradora.

Los actuales métodos de transmisión de información se basan en tecnología de transferencia automática de datos, los que operan con dispositivos de radiofrecuencia. La rapidez de la información se hace cada día más necesaria, por ello la recopilación de datos exactos y a tiempo son la prioridad de los equipos de identificación automática hoy en día.

El Código de barras es una disposición en paralelo de barras y espacios que contienen información codificada. Esta información es leída por dispositivos ópticos los cuales envían la información a una computadora como si la información hubiese sido tecleada. Una simbología es la forma en que se codifica la información en las barras y espacios del símbolo de código de barras.

¿Para qué han sido creados los Códigos de barras?

Los Códigos de barras han sido creados para identificar objetos y facilitar el ingreso de información eliminando toda posibilidad de error en la información.

¿Cómo funciona el Código de barras?

El lector proyecta un rayo de luz en movimiento sobre el código, atravesándolo de extremo a extremo. Se analizan los efectos de luz reflejada, para transformarlos en datos que pueda interpretar inmediatamente la computadora.

Todos estos medios de identificación de alta tecnología, son el acondicionamiento de la plataforma que se viene preparando, para en un futuro pasar de esto a lo que la Biblia indica categóricamente como la Marca, que será implantado en los seres humanos.

Otras tecnologías también están conduciendo en la misma dirección. Altas tecnologías están siendo dirigidas para establecer un mayor y audaz sistema de seguridad en el control y autenticidad de las personas. Los nuevos y sofisticados sistemas computarizados, están siendo acondicionados para reconocimientos de tecnologías biométricas, de manera tal que puedan reconocer al usuario, teniendo pequeños exploradores de las huellas digitales y a la vez dispositivos de reconocimiento de la persona, para que nadie pueda utilizarlo a menos que sea la persona autorizada.

Lo quieras aceptar o no tienes que saber que todo lo relacionado al tiempo profético se debe de cumplir tal como Dios lo ha indicado por medio de su Palabra escrita. Las profecías de la Biblia nos indican que llegará el momento cuando todos los hombres y mujeres serán controlados mundialmente.

El mismo hombre y aun las obras de la tinieblas no tienen los atributos que le pertenecen a Dios, los cuales son Omnipresencia, capacidad de estar en todos los lugares a la misma vez, Omnisciencia capacidad de conocer todo y aun lo más profundo de nuestro ser y pensamiento y Omnipotencia de poder sobre todo poder, en el cielo, en la tierra y debajo de la tierra.

Mas hoy, por medio de la tecnología y los grandes logros alcanzados en los sistemas de comunicaciones, harán posible que todo lo relacionado a la profecía del tiempo del fin se cumpla totalmente.

Capítulo cinco

El fin del dinero en efectivo se acerca

Esto no es una especulación futurista, ni ciencia ficción, sino una realidad y se está desarrollando en las redes de Internet.

La modernidad y los adelantos de la tecnología tienen como cometido el proveer al ser humano una vida cada vez más cómoda, segura y conveniente.

La miniaturización de los componentes electrónicos en toda clase de aparatos ha llevado a reducir los precios y permitir una mayor utilización. Todas las áreas del diario vivir están siendo drásticamente afectadas en la búsqueda de optimismo, tranquilidad, seguridad y rapidez.

El dinero ha sido la representación de las riquezas y el poder adquisitivo de los humanos, sin embargo su naturaleza física se ha convertido en una carga poco conveniente, para la mayoría de los humanos.

Porque los que quieren enriquecerse caen en tentación y lazo, y en muchas codicias necias y dañosas, que hunden a los hombres en destrucción y perdición, porque raíz de todos los males es el amor al dinero, el cual codiciando algunos, se extraviaron de la fe, y fueron traspasados de muchos dolores.

1 Timoteo 6:10

Nadie desea tener en casa su patrimonio total en billetes, y mucho menos transportarlos de un lado a otro en su propia cartera, aunque exista una necesidad real y cotidiana de adquirir bienes y servicios que exigen ser pagados.

Este tipo de problemas ha sido resuelto mediante la utilización de cheques, tarjetas de crédito y aquellos que se resistan a utilizarlos son una especie en vía de extinción. Dentro de poco, la sensación primitiva de poseer riqueza y llevar dinero en efectivo, pasará a ser una curiosa conducta digna de ser estudiada por la antropología.

El efectivo se está convirtiendo en un artículo indeseable, peligroso e inconveniente, puede ser perdido, robado o destruido, falsificado con copiadoras de color, inútil ante máquinas vendedoras. Su uso provoca grandes gastos, tanto para el usuario como para los gobiernos generadores del papel moneda, ya que se deben reemplazar constantemente los billetes dañados.

Las transacciones se vuelven cada vez menos físicas

En el mundo ya existen un gran número de empresas que realizan el pago de sus nóminas mediante transferencia directa de la cuenta corporativa a cada una de las cuentas de sus empleados. Estos sistemas están llevando a la sociedad al punto en que el dinero será una cantidad en la pantalla de saldos de los bancos y no un artículo tangible.

En el futuro cercano, todo aquel que posea efectivo, será sospechoso de actividades delictivas, ya que si trabaja legalmente, recibe depósitos automáticos y cuenta con tarjeta de crédito, ¿en dónde obtiene entonces el efectivo y para qué lo necesita?.

La estructura comercial que se está gestando dentro de la red exige comunicaciones financieras seguras y convenientes. Así como el usuario final desea obtener un artículo en línea, el comerciante busca un pago inmediato, verificado y confiable.

Este nuevo dinero estará respaldado por el sistema bancario y no existirá un estándar, sino una gran diversidad de documentos virtuales, tal como existen en la realidad y su compatibilidad y validez estarán estrechamente ligados a la institución que los genere. La seguridad de las transacciones estará basada en la criptografía que ha demostrado ser hasta el momento el método más confiable para garantizar la autenticidad y privacidad de los movimientos, además de estar apoyada por números de identificación personal.

El nuevo dinero residirá en una tarjeta plástica con un microchip llamada *Smart Card*, la interpretación de su valor será digital, en procedimiento virtual por lo que se llamará billetera electrónica, es un dispositivo lector del tamaño de una calculadora de bolsillo. Pronto aparecerán en el mercado computadoras de cartera o de bolsillo, con pantallas de color del tamaño de una fotografía.

Hoy en día por lo regular las personas cargan con el documento de identidad, dinero, tarjetas de créditos, un talonario de cheques, una pequeña libreta con direcciones, un teléfono móvil y demás cosas que llevan cuando se está fuera de la casa.

El PC monedero, será algo más que la persona se adaptará a llevar consigo. En la pantalla de este PC, aparecerán mensajes y agendas, a la misma vez se podrá leer y enviar correo electrónico y fax. Se podrá conocer el clima y tiempo que hará en ese día y buscar toda clase de información. Este nuevo monedero llevará dinero virtual, en forma digital difícil de perder, en lugar del dinero en efectivo.

No debe olvidarse que los cargos en todas las tarjetas de crédito y las transferencias de fondos es un intercambio de información financiera en forma digital. Este sistema de monedero PC, se irá imponiendo, y el mundo entero se acostumbrará a comprar y aceptar fondos de manera digital.

Este tipo de monedero, irá conectado a una computadora que hace de central, para permitir que el dinero se transfiera sin ningún tipo de intercambio físico a una caja registradora. El dinero virtual, también podrá ser transferido a otra persona de la familia si éste necesita dinero, o sea transferencias electrónicas del PC monedero a otro, en forma digital.

Cuando este sistema comience a funcionar a nivel global, será utilizado como un medio de identificación personal. Al pasar a través de la puerta de un aeropuerto, el PC se conectará con las computadoras del aeropuerto y las mismas confirmarán que ha pagado el billete.

No habrá necesidad de un número de codificación o una tarjeta magnética para entrar o abrir las puertas. El PC monedero, le identificará de inmediato ante la computadora que está controlando el sistema de seguridad.

En muchos lugares sólo le pedirán a la persona que diga una palabra de seguridad conjuntamente con el PC, o sea, esto tiene que ver con la nueva tecnología biométrica, en otros sólo se hará necesario las huellas digitales.

En cuanto al tema de identificación se ha descubierto que las identificaciones biométricas son las más seguras, aunque luego éstas, en un futuro, también desaparezcan.

El PC monedero pedirá que la persona pueda mencionar en voz alta alguna palabra determinada, que aparecerá en la pantalla del mismo, o puede determinar que la persona coloque su mano para la identificación dactilar, para efectuar cualquier tipo de operación. En especial esto será impuesto con mayor intensidad cuando la operación que la persona va a efectuar tenga que ver con compras o disponer de algún tipo de gasto.

Es de tener en cuenta, que con este tipo de tecnología o sea el PC, podrá indicar a cualquier persona, en el lugar exacto que se encuentra, o sea en cualquier punto geográfico de la tierra. Los sistemas de satélites Globales, que cada vez son mayores en su número enviados al espacio, podrán emitir la señal, permitiendo a las personas que están viajando, en los medios de transportes aéreos, marítimos y terrestres el conocer exactamente en el lugar donde están.

Estos dispositivos para ser operativos en diferentes sistemas, ya están a la venta y serán los que en un futuro cercano se le pondrán a los PC, para ser también utilizados. Esto hará posible que la persona se pueda conectar a las autopistas de información, mientras está viajando hacia un país o continente distinto de donde reside, indicándole a la persona dónde está en ese preciso momento.

Es más a las personas que viajan en sus vehículos esta nueva tecnología, le informará que tienen otras opciones para ir al lugar que se dirigen por otros lugares. Dará continuamente informes de tráfico, advirtiendo los lugares que tiene que escoger si desea llegar a tiempo a una cita determinada. Incluso, se le podrá preguntar dónde está el lugar más cercano para comer, y la pregunta formulada será contestada inmediatamente.

El mundo está siendo conducido al fin del papel moneda, para comenzar a utilizar tarjetas inteligentes, con sofisticados sistemas de codificación, que darán facilidad para acceder a un mercado global. En general se está viniendo abajo el concepto de soberanía nacional.

Cualquier persona de su propia casa, podrá insertar la tarjeta inteligente en un aparato y retirar dinero de su cuenta corriente. Ya no tendrán que ir al banco para sacar dinero.

La sociedad de la información de nuestros días está acostumbrada a usar tarjetas de crédito, debido a esto el cambio no será tan grande, como el cambio del pago en efectivo al uso de tarjetas de crédito. Estas tarjetas son recargables y permiten al usuario transportar sólo la cantidad que considere necesaria.

Avanzan las Tarjetas Inteligentes

Las tarjetas inteligentes son algo diferentes a las que tenemos hoy, éstas están siendo utilizadas en forma cada vez mayor en Europa. Dentro de estas tarjetas hay una pequeña computadora, con una batería muy pequeña, conteniendo una memoria de 8K. Los fabricantes de las tarjetas inteligentes están incrementando su producción, no sólo en este tipo de tarjeta, sino en las máquinas lectoras de las mismas.

Esto hará posible que las actuales tarjetas de crédito o débito, sean cambiadas por este tipo de tarjetas compatibles con la más alta tecnología. De manera tal que cualquier persona pueda hacer todo tipo de funciones y operaciones, que hasta ahora no le era posible hacer.

Esto confirma una vez más que el dinero del futuro no será cuentas basadas en billetes y monedas diversas, sino cuentas que funcionarán con todo tipo de información digital, utilizando sólo dinero virtual. No se tendrá la necesidad de ir al banco a hacer depósitos, ni cambios de cheques, ya que todo será sumado o restado de la tarjeta inteligente, o sea monederos electrónicos. La forma acelerada de como viene implantándose este sistema, hace pensar que todo estará siendo establecido muy rápidamente.

El lector de Tarjetas Inteligentes utiliza el mecanismo impulsor de *diskette* de su ordenador personal, el cual permite insertar dicha tarjeta en una ranura y después lo inserta en el mecanismo impulsor, que se convierte en un programa de lectura que luego actuará en conexión directa conectada a su ordenador o computadora.

No se necesitará recargar ni poner dinero virtual, la tarjeta misma lo hará, interactuando con la información que se establezca en su computadora. Cualquier persona podrá descargar información digitalizada en la computadora y a la vez ésta enviará la información a dicha tarjeta inteligente. Todo esto nos indica que todo estará totalmente interconectado, lo que será imposible funcionar individualmente.

Te das cuenta por qué estoy compartiendo contigo todos estos detalles, lo que significa que para poder controlar el mercado o comercio de todo el mundo, es necesario que todo esto se lleve a cabo, es la única explicación que podemos encontrar. Si observas toda esta preparación, entenderás en forma específica, el acontecer de la profecía bíblica.

Todos los componentes utilizables para el desarrollo de todo este sistema, es cada vez más miniaturizado. Las Tarjetas Inteligentes que ingresaron al mercado a través de los servicios telefónicos, avanzan a pasos agigantados y van cubriendo en forma paulatina las distintas actividades en que el dinero en efectivo está presente.

Las Tarjetas Inteligentes, principales contendientes por el título del dinero del futuro, son tarjetas plásticas de tamaño similar al de las tarjetas de crédito normales, pero con un circuito integrado por dentro. Se les llama inteligentes porque, además de tener una capacidad de almacenamiento mucho mayor que la tradicional cinta magnética de las tarjetas ordinarias, las pueden procesar.

Existen dos tipos básicos de tarjetas inteligentes: las descartables y las recargables.

El uso de Tarjetas Inteligentes se ha popularizado principalmente en Europa y Asia, mucho más que en Estados Unidos. Las tarjetas pueden utilizarse en la telefonía, registros médicos y como tarjetas de débito y crédito. La telefonía parecería ser la principal aplicación de las tarjetas, ya que se estima que en 1996 se vendieron 420 millones de tarjetas telefónicas.

Actualmente más de 90 instituciones bancarias en el mundo tienen funcionando sistemas que las utilizan. Ya existen los llamados ATMs (auto cajeros) personales, que son aparatos del tamaño de una calculadora, con los que uno puede acceder por teléfono a las computadoras del banco y trasladar dinero de su cuenta a la tarjeta, sin importar el lugar donde esté haciendo la operación. El mercado que mayores cambios sufrirá con la llegada de las tarjetas inteligentes es el dinero.

Y, por supuesto, una de las aplicaciones principales en el futuro será el comercio electrónico a través de Internet. Se acerca a velocidad vertiginosa el momento en que toda la información relevante de las personas estará almacenada en una tarjeta, con la que se realizará la mayor parte de sus transacciones comerciales.

La nueva tecnología informática y todos los sistemas de telecomunicaciones, van impulsando a la humanidad a un mayor control. La información cada vez más rápida y a la vez sencilla y masiva de datos y la interrelación de los mismos, forman la sociedad moderna de la información. Es importante reconocer que el conocimiento hoy por hoy, representa el control.

Son muchos los que están de acuerdo, de que el llamado estado de control, ha sido reemplazado por el estado de la información. La proliferación de los sistemas informáticos, el perfeccionamiento de las nuevas tecnologías y el mercado global, como así mismo los avances en las telecomunicaciones, teléfonos móviles, televisión digital y la llegada de las autopistas de la información, permiten recoger y difundir, a veces de manera muy sagaz datos personales de los usuarios.

Al hablar por teléfono, navegar por Internet, sacar dinero de un cajero automático, hacer una telecompra y otras actividades de la vida diaria, los humanos van dejando huellas de su presencia, a través de la utilización de estos sistemas.

Por ejemplo los exiliados en los Países Bajos (Holanda) reciben una tarjeta plástica con un chip que incluye la foto, la huella digital y la conducta de su dueño. Éstos tienen que acudir semanalmente al centro de control para verificar su huella y pasar la tarjeta por el lector. Si su huella no corresponde con la almacenada en el chip, la máquina retiene la tarjeta.

Son muchas las empresas que ofrecen listados de clientes con datos tales como la edad, profesión, poder adquisitivo y lugar de residencia. Esta información se combina con otras más confidenciales extraídas de bancos, financieras y compañías de seguros. En muchos listados junto al nombre de la persona se recogen datos sobre el domicilio, gustos, consumo de gas, electricidad y gasolina, incluso el estado civil, número de hijos y también si es un buen pagador.

Cada chip e ingenio tecnológico que añadimos a nuestra vida diaria, para mejorar la seguridad y la comodidad, se traduce en un mayor control y un menor grado de libertad.

Tarjetas con chip

Este afán innovador ha permitido, por una parte que la calidad y la seguridad sean elementos inseparables de estos nuevos productos y por otra, el desarrollo de nuevas líneas de fabricación, en relación con las tarjetas con chip que ha empezado a funcionar desde 1991.

El continuo incremento de los nuevos catálogos de tarjetas con nuevos modelos: Monederos electrónicos, GSM, etc., están acondicionando a la sociedad de la información para que progresivamente se acepte este nuevo sistema en sustitución a lo que es el dinero en efectivo. La creciente demanda de nuevas tarjetas, tanto en el ámbito nacional como en el internacional, está llevado a aumentar la capacidad de producción para poder satisfacer cualquier necesidad.

Hoy existen centros de personalización, implantando nuevas y variadas técnicas, en lo que respecta al control económico. Éstos cuentan con equipos que permiten realizar la personalización más completa que se pueda imaginar (chip, fotografía, código de barras, etc.) en un entorno de máxima seguridad. Las tarjetas inteligentes que se impondrán en el futuro, identificarán al que la posee, pudiendo almacenar dinero, y la información médica del mismo.

Las tarjetas con chip forman parte de un sistema que incluye lectores, aplicaciones y equipos de personalización.

Las características de estas nuevas tarjetas con chip, son las siguientes:

- El soporte de PVC de las tarjetas con chip puede ser impreso con cualquier motivo diseñado por las diferentes empresas participantes.
- Las tarjetas pueden incorporar bandas magnéticas, panel de firmas, hologramas e identificación biométrica.

- Se pueden embalar en bolsas de plástico individuales, garantizando que llegan al cliente final sin haber sido utilizadas. Esta presentación está orientada principalmente a las tarjetas de prepago.

Personalización

- Personalización eléctrica de las tarjetas inteligentes.
- Impresión gráfica, datos alfanuméricos, códigos de barra, fotografías en color, logotipo.
- Grabado láser.
- Impresión en relieve.
- Grabación de banda magnética.
- Ensobrado acompañado de una carta personalizada para su envío al titular.
- Desarrollo de aplicaciones: implantación de monederos electrónicos, sistemas de verificación biométrica.

El Departamento de Inmigración de los Estados Unidos emite las Primeras "Tarjetas Verdes" de Alta Tecnología.

Tarjetas a prueba de fraude incluyen medidas de seguridad sofisticadas.

Para proteger contra el fraude y ayudar a los empleadores a conformar con la ley inmigratoria, Mary Ann Wyrsch, Subcomisionada del Servicio de Inmigración y Naturalización (INS), anunció hace poco tiempo la emisión de una "Tarjeta Verde" nueva. La Tarjeta Verde, que se otorga a residentes legales permanentes como evidencia de autorización para vivir en Estados Unidos, es ahora uno de los documentos más sofisticados resistentes a falsificación, producidos por el gobierno federal. La nueva tarjeta consta de una variedad de rasgos característicos de seguridad, incluyendo imagen digital, holograma, microimpresión y una franja con memoria óptica. Su producción requiere una combinación única de tecnología avanzada la cual jamás se usó antes.

Previamente llamada la "Alien Registration Receipt Card" (Tarjeta de Registro de Extranjeros Ingresados), la tarjeta es ahora llamada oficialmente "Permanent Resident Card" (Tarjeta de Residencia Permanente). El envío de las primeras Tarjetas Verdes a residentes permanentes ya está en operación, así como una gran campaña para presentar la tarjeta con sus nuevas características a los empleadores y el público general.

Doris Meissner, Comisionada del INS, llamó a la Tarjeta Verde:

> Un hito mayor en el esfuerzo del INS para combatir el fraude de documentos y ayudar a los empleadores a identificar con más facilidad a las tarjetas válidas.

Ella añadió:

> Es parte de una nueva generación de documentos del INS que no sólo sube la apuesta inicial para falsificadores, sino también ayuda a los empleadores a cumplir con la ley inmigratoria para asegurar que los puestos son llenados sólo por trabajadores autorizados.

Características de seguridad de esta tarjeta:

Las características visibles de seguridad en la tarjeta harán más fácil a los empleadores verificar la autenticidad de la tarjeta, y que se relacione a la persona que la presenta. La tarjeta también tiene muchas características que no se notan a simple vista, pero que pueden ser identificadas por funcionarios del departamento de inmigración, incrementando así la resistencia a falsificación o duplicaciones de la misma.

Diferente a la previa tarjeta de papel laminado, la nueva "Tarjeta de Residencia Permanente" es un documento plástico similar a una tarjeta de crédito. Tiene fotografía digital e imágenes de impresión digital las cuales son una parte integral de la tarjeta y de esta manera mucho más resistente a falsificación.

La tarjeta posee un holograma que muestra la Estatua de la Libertad, las letras "USA" en imprenta grande, un marco de los Estados Unidos y el sello de la autoridad que la emite. En el reverso de la tarjeta hay una franja con memoria óptica similar a la tecnología de disco CD-ROM, con una versión grabada de la información contenida en el frente de la tarjeta, incluyendo la fotografía, nombre, firma, fecha de nacimiento, y número de Registro de Extranjería del poseedor de la tarjeta. Esta información grabada por láser no puede ser borrada ni alterada. Además, esta misma información, conjuntamente con la huella digital del poseedor de la tarjeta, están grabadas en código en la franja y sólo pueden ser leídas por el personal de inmigración, usando un escáner especialmente designado.

Producción

La nueva "Tarjeta de Residente Permanente" se está produciendo con las nuevas máquinas del Sistema de Producción Integrada de Tarjetas (ICPS), permitiendo a dicho departamento continuar expandiendo los niveles de seguridad para mantener la ventaja sobre los falsificadores. Estas máquinas tan únicas ejecutan gran número de tareas complejas en un solo proceso automático. Estas tareas varían desde impresión digital, grabado láser y código grabado en la franja óptica, hasta aplicación de otras características de seguridad visibles e invisibles, y por último generando el paquete de franqueo de la tarjeta.

Al producir automáticamente un paquete completo listo para el franqueo, el ICPS reduce tiempo de manufactura y aumenta en gran forma la precisión de información contenida encima y dentro de las nuevas tarjetas. Este tipo de tarjetas está siendo implantado aceleradamente.

Por medio de un periódico en Estados Unidos el día 13 de septiembre de 1997, informaban lo siguiente:

> Probará EE.UU. tarjetas "inteligentes"
> En octubre de 1997, 50 mil neoyorquinos de la parte oeste superior de Manhattan finalmente tendrán la oportunidad de experimentar la más reciente ola de tecnología procedente del viejo mundo. Después de largas pruebas, el Citibank y el Chase Manhattan Bank sacarán las smart cards (tarjetas inteligentes), tarjetas bancarias que le permitirán comprar un periódico y café con bits y bytes en vez de billetes y monedas.
> Desde que un francés llamado Roland Moreno inventó las smart cards hace 20 años, los comerciantes de artículos al menudeo, los bancos y los gobiernos han hablado sobre poner microprocesadores sobre piezas de plástico como un reemplazo supercargado para la banda magnética.
> Pero mientras que EE.UU sigue en la etapa del proyecto piloto, Europa ya lleva bastante camino recorrido.
> Los países bajos son los más aventajados, los bancos allí han expedido unos ocho millones de smart cards más de una por cada habitante. Las tarjetas contienen un microcontrolador con ocho

kilobytes de memoria, además de la banda magnética de 200 bytes, y son usadas tanto como tarjetas de débito como carteras electrónicas.

En Holanda, los parquímetros aceptan smart cards (llamados Chipknip, knip es "bolsa" en holandés), igual que los puestos de periódicos, las máquinas expendedoras y los teléfonos públicos. Uno puede recargar las tarjetas cuando quiera, siempre y cuando retire efectivo de un cajero automático, pero no tiene que portar billetes.

Chipknip y su nuevo competidor, Chipper, expedido por el subsidiario Postbank del Grupo ING, desean hacer más. Han comenzado pruebas usando las tarjetas para revisar libros en bibliotecas y pagar multas y llevar registros de puntos ganados en "esquemas de lealtad" holandeses. También están en proceso las transacciones para boletos de autobuses y trenes.

Por fin, los beneficios en Europa de las smart cards han atraído la atención de las tarjetas American Express, MasterCard, y Visa. Cada una de estas compañías está desarrollando un esquema con miras a introducir tarjetas por todo el mundo. El año pasado Amex comenzó a hacer pruebas usando smart cards en la línea American Airlines en 21 aeropuertos de EE.UU; los viajeros pueden registrarse sin un intermediario humano.

¿Por qué fueron los conservadores europeos los que desarrollaron esta tecnología? Resulta que necesitaban actualizar sus anticuados sistemas telefónicos. Los vendedores holandeses se hartaron de gastar tanto como 500 centavos holandeses (2.50 dólares) por verificar una compra; una compra con Chipknip cuesta sólo once centavos (cinco centavos de dólar). "Con 650 tiendas en

Holanda y millones de clientes cada semana", dice un vocero de la compañía Albert Heijn, "eso se traduce en muchísimo dinero".

Seguridad biométrica en las Tarjetas Inteligentes

Las tarjetas inteligentes permiten alojar diferentes aplicaciones en sus microcircuitos. Hasta ahora, se han desarrollado aplicaciones como monederos electrónicos, certificados para comercio electrónico y la acumulación de puntos por compras. Una de las funciones que ahora comienza a tomar auge son las aplicaciones biométricas en las tarjetas.

¿Qué significa el término biométrico? Simplemente es almacenar digitalmente en el microcircuito una de las características únicas del ser humano, para poder identificar a la persona dueña de la tarjeta. Se pueden incluir características como la huella digital, la palma de la mano, voz, o hasta los datos del iris de los ojos. Hemos observado que en los últimos dos años se han estado haciendo ensayos pilotos sobre este tipo de tarjetas, con la nueva manera de identificación.

"Gemplus" y el Ejército de Estados Unidos se han combinado para otorgar una tarjeta con dos funciones a los nuevos reclutas del Fuerte Sill. Esta tarjeta tendrá la capacidad de un monedero electrónico para los gastos en la base, y además contendrá la huella digital de los soldados. La huella digital del dedo índice de la mano izquierda y derecha se almacena en la tarjeta para proteger la privacidad del individuo.

La tarjeta tiene un límite acumulado de seguridad. Al llegar a este límite, es cuando el terminal lee la huella digital del portador y la compara con los datos en el microcircuito. Éste disminuye el tiempo de las transacciones. El Ejército espera reducir sus costos de proceso con las tarjetas al eliminar el papel y la contabilidad necesaria hoy en día.

En el proyecto participa "Mellon Network Services" y la tecnología de "PTi Smart City". En otra noticia, "Gemplus" anunció una alianza con "Advanced Precision Technology" para utilizar su tecnología de lectura y almacenamiento de huellas digitales en los productos de "Gemplus".

En Inglaterra, otra prueba piloto ha comenzado con tarjetas Visa y los datos del iris del ojo archivados en un microcircuito. Estas pruebas pretenden facilitar las transacciones en los cajeros automáticos. El usuario presenta su tarjeta en cajeros con lectores especiales que leen rápidamente las señales únicas del iris y compara la información con la existente en la tarjeta. Si la lectura coincide con un patrón previamente establecido y grabado de los ojos del cliente, la máquina podrá darle el dinero que ha solicitado.

Este nuevo sistema es capaz de leer más de doscientas característica del iris antes de codificarlo digitalmente. Esta forma de identificación está ya siendo utilizada en bases militares y en presidios.

Esta técnica ha sido ensayada y puesta en marcha, también en bancos japoneses y estadounidenses. Con esto, ya no hace falta memorizar una clave secreta y previene el uso indebido de tarjetas robadas, donde el ladrón conozca la clave secreta.

La República de China y la compañía "DelSecur" han firmado una nota de acuerdo para que "DelSecur" provea la tecnología para el uso de tarjetas de crédito en China, para la identificación de estudiantes y el pago de beneficios a jubilados. Esta iniciativa puede hacer que China sea el usuario y fabricante más grande del mundo de tarjetas inteligentes.

Tarjetas más y más inteligentes

No es un secreto, pero no por ello deja de sorprender. Conforme avanza la tecnología de los microchips, aumenta la cantidad de información que se puede almacenar en una tarjeta.

El gran incremento que está teniendo el empleo de las tarjetas inteligentes (para llamar por teléfono, efectuar operaciones de banca, acceder a lugares restringidos y un sinnúmero de aplicaciones) ha generado una gran demanda de unidades traducida en una gran presión sobre los fabricantes para que aumenten su producción.

La empresa inglesa "GPT Card Technology", que se ha convertido en el mayor fabricante de tarjetas inteligentes del Reino Unido, acaba de dar a conocer los resultados de un reciente estudio que indica que:

> En el año 2000 habrá en todo el mundo probablemente 2.000 millones de tarjetas inteligentes, cuyas aplicaciones serán variadas.

Hay que recordar que GPT exporta tarjetas a más de 50 países y sus ventas anuales superan los cien millones de unidades.

En este momento existen muchos tipos de tarjetas inteligentes, desde las que incorporan un sencillo chip de memoria hasta las que llevan microprocesadores avanzados que permiten manipular datos.

Las tarjetas inteligentes de pago adelantado son prácticamente iguales que sus parientes magnéticas, sólo que en vez de llevar una banda de ese tipo incorporan una pequeña chapa metálica con seis u ocho contactos eléctricos por un lado y un circuito electrónico muy fino por el otro.

Desde la primera tarjeta fabricada en 1987, GPT ha desarrollado y puesto a punto más de 3.000 tipos de tarjetas distintas con diversas tecnologías: magnéticas, inteligentes con contacto y sin contacto. A medida que va mejorando la tecnología de los microchips aumenta la cantidad de información que puede almacenar una tarjeta.

El director general de GPT, Paul Seward, indica que:

> Hace ya casi 20 años que aparecieron las primeras tarjetas inteligentes. Después de un inicio más o menos incierto, esta tecnología entró plenamente en nuestras vidas.
> Ya hay 66 países en todo el mundo que las han adoptado para llamar por teléfono.

La tarjeta inteligente sin contacto está ya muy extendida. Se llama así porque no tiene contactos electrónicos y la información que contiene se transmite al lector mediante un campo magnético. En vez de los contactos, esta tarjeta lleva incorporada una pequeña antena. Por otro lado, se lee pasándola sencillamente por delante del lector. Eso la hace ideal para aplicaciones rápidas, como la aceptación de billetes de transporte. Al no tener contactos, esta tarjeta es más fiable, sobre todo en lugares húmedos o contaminados.

American Express, Banksys, ERG y Visa Internacional anunciaron su participación en "Proton World International" (PWI), empresa creada para vender sus activos de tecnología en "tarjeta inteligente", o nuevo monedero electrónico. En un comunicado, la firma internacional informó que la nueva compañía continuará el desarrollo y proceso de licencia de las aplicaciones en tarjeta inteligente de Proton World International. Explicó que:

Esta tecnología incluye un monedero electrónico para pagos menores en lugares tales como tiendas, máquinas expendedoras y teléfonos públicos.

Recalcó que PWI brindará apoyo a una gran variedad de estándares para proveer soluciones abiertas, interoperables y globales de tarjetas inteligentes.

Subrayó que "la empresa pondrá en marcha las especificaciones comunes para el monedero electrónico, las cuales aún se están definiendo."

Adicionalmente, agregó, apoyará al euro, ya que aquellas tarjetas habientes con plásticos basados en Proton World International serán capaces de efectuar compras en esa moneda, aún sin haber renovado sus tarjetas.

Por su parte, Peter Godfrey, presidente de American Express Europa mencionó que:

Esta firma internacional está comprometida a colaborar para que la industria alcance la interoperabilidad en la tecnología de estas tarjetas.

Recordó que Proton World International es una compañía mundial proveedora líder en tecnología de tarjetas inteligentes y su monedero electrónico es uno de los más utilizados en el mundo.

Indicó por último que las naciones que en el presente cuentan con esta tecnología son: Austria, Bélgica, los Países Bajos, Suecia y Suiza.

MasterCard ya ha comenzado pruebas con la tecnología biométrica. El 15 de mayo de 1996, la compañía MasterCard anunció durante la conferencia que celebró en Atlanta que comenzaría, el próximo mes de junio de ese mismo año, pruebas con la tecnología biométrica en su sede principal de compras en New York.

MasterCard comentó que el propósito principal de estas pruebas es determinar la confiabilidad y eficiencia de las diferentes tecnologías biométricas, que evidentemente podrán ser utilizadas en la industria de servicios de pago para proveer identificación personal.

La tecnología biométrica basada en una característica física, como la huella digital, podrá proveer verificación positiva al comprobar que el usuario, sí es el verdadero dueño de la tarjeta presentada, una forma de verificación mucho más avanzada que la que hasta el momento había utilizado, o sea la firma del portador.

En esa reunión el representante de la compañía declaró lo siguiente:

> Nuestro objetivo es simple: hacer de MasterCard el producto de pago más seguro —dijo Joel S. Lisker, vicepresidente senior de Seguridad y Control de Riesgo para MasterCard—. Para esto, debemos investigar nuevas tecnologías que ayudarán a nuestros miembros a realizar transacciones seguras para sus tarjetas habientes alrededor del mundo.

En los últimos dos años, MasterCard ha estado llevando a cabo estudios sobre varias tecnologías biométricas que podrían tener uso potencial en el futuro de la industria de pagos como forma de asegurar las tarjetas. Sin embargo, continuará investigando otros sistemas emergentes.

La tecnología biométrica de la huella digital es una tecnología avanzada, basada en las características únicas del dedo. Un algoritmo matemático se utiliza para asignar un valor numérico a la huella, y esta información posteriormente se almacena en una tarjeta inteligente. Una vez el usuario realiza una transacción, apoya el dedo en una pantalla pequeña que lee la huella digital, e inmediatamente la compara contra el valor numérico previamente almacenado en el chip.

Esta compañía se ha concentrado en llevar a cabo extensas investigaciones sobre la tecnología biométrica para descubrir los dilemas de aceptación y los problemas culturales y de privacidad que pueden representar estas tecnologías. Por medio de pruebas internas y estudios, estará en mejor posición de evaluar la viabilidad de la tecnología biométrica en la industria de pagos, informando a sus miembros los resultados paso por paso.

Varias organizaciones, tanto en el sector público como en el privado, ya están utilizando la tecnología biométrica en aplicaciones que involucran documentos para viajar, licencias de conducir, y programas de seguridad nacional.

MasterCard ha sido la primera compañía en los Estados Unidos en utilizar la tecnología de chips para proveer acceso de entrada a sus empleados, y adicionalmente también están usando MasterCard Cash (la aplicación de valor almacenado).

¿Qué medidas se tomarán para que el dinero virtual acumulado en estas tarjetas no sea falsificado?

1.- Se está pensando en utilizar firmas digitales para verificar la autenticidad de los billetes.
2.- Cada billete, que virtualmente figurará en este tipo de tarjetas, contará con un número serial único, que se convertirá en la clave para verificar fácilmente si no ha sido gastado anteriormente.

Dicen que el anonimato está garantizado a excepción de cuando se trata de pagar con el mismo billete dos veces, en ese momento, el individuo fraudulento es rastreado y localizado.

Este sistema será una forma de control para saber dónde los seres humanos se mueven, ya que por medio de esto se sabrá por completo las actividades de cualquier individuo, qué compra, cuándo, dónde y con qué frecuencia, en otras palabras, es posible tener un retrato fiel y preciso de la actividad económica, de cada persona.

La utilización del dinero virtual en la vida cotidiana se va acercando. El público británico puede ahora obtener dinero mediante el parpadeo de sus ojos, gracias a un cajero automático que verifica su identidad con la inspección del iris ocular. Cuando un cliente inserta la tarjeta bancaria en el cajero automático una cámara examina sus ojos y lee las particularidades de su iris. Si la lectura coincide con un patrón previamente establecido y grabado de los ojos del cliente, la máquina podrá dispensarle el dinero que necesita.

Esta tecnología ha sido ensayada exitosamente en bancos japoneses y estadounidenses, pero el lanzamiento en la sucursal Swindon de la Sociedad de construcciones a escala nacional marca el comienzo de su uso pleno.

El ensayo intenta calibrar la aceptación pública de la tecnología. Daugman, del laboratorio de Computadoras de la Universidad de Cambridge, dijo que el iris de una persona es mucho más individual que una huella dactilar. El sistema lee más de 200 características del iris antes de codificarlo digitalmente.

Inclusive, se ha declarado lo siguiente: *No se preocupe si se olvidó el número de clave para hacer funcionar su tarjeta en el cajero automático.* Los nuevos cajeros automáticos están eliminando los códigos secretos y entregarán efectivo en un abrir y cerrar de ojos.

Los fabricantes aseguraron, que el sistema (que describieron como único en el mundo) es totalmente seguro. A los clientes se le sacará una fotografía del iris cuando acudan al banco. Posteriormente, una cámara montada sobre el cajero realizará una lectura de sus ojos cada vez que vaya a la máquina a sacar dinero. El cajero automático procederá con la transacción sólo cuando la comparación entre el iris del cliente y la foto digital salga positiva. Dicen que el sistema es seguro ya que el iris de los ojos no cambia en el transcurso de la vida, así que es más seguro que las huellas digitales.

Esta nueva tecnología será implantada para otras actividades que se tengan que realizar.

Enseña tu cara y la máquina te enseñará dinero.

Algunas de las nuevas máquinas de dinero funcionan las 24 horas del día. La máquina de sistema de identificación de cara está siendo usada para verificar la identificación de una persona antes de darle efectivo. *Aunque se están considerando otras tecnologías biométricas incluyendo mano y dedo de reconocimiento, la verificación de cara es la mejor solución a nuestras necesidades* —dicen los ingenieros y analistas de sistemas.

Satélites lanzados al espacio ayudan a conducir.

Los fabricantes de equipos de navegación por vía satélital calculan que serán millones de conductores a partir del año 2000, que se servirán para conducir del sistema de posición global. En una pantalla líquida, el conductor puede conocer su situación exacta y cómo ir a un sitio determinado, así como tener información sobre los lugares de congestión de tráfico y las rutas alternativas. Pero simultáneamente estarán siendo monitoreados en los lugares donde estos se dirigen.

En realidad todo esto nos indica en forma determinante hacia dónde se encamina el sistema de control absoluto para los habitantes de la tierra.

Qué importante es que a medida que somos testigos de esta gran preparación, que se establece en forma consistente en el mundo, seamos dirigidos a observar con mayor convicción que nunca el cumplimiento del acontecer profético de la Palabra de Dios.

Capítulo seis

*E*stremecimiento global

Estos tienen un mismo propósito, y entregarán su poder y su autoridad a la bestia.

Apocalipsis 17:13.

Porque Dios ha puesto en sus corazones el ejecutar lo que él quiso: ponerse de acuerdo, y dar su reino a la bestia, hasta que se cumplan las palabras de Dios.

Apocalipsis 17:17.

Todos estos reyes se unieron, y vinieron y acamparon unidos junto a las aguas de Merom, para pelear contra Israel.

Josué 11: 5

Se levantarán los reyes de la tierra, y príncipes consultarán unidos contra Jehová y contra su ungido, diciendo: Rompamos sus ligaduras, y echemos de nosotros sus cuerdas. El que mora en los cielos se reirá; el Señor se burlará de ellos.

Salmos 2:2-4.

LA GLOBALIZACIÓN Y EL CUMPLIMIENTO PROFÉTICO

El nuevo enfoque que se perfila para un mundo abatido es el siguiente:

El efecto que repercutió a la economía global, comenzó cuando se empezaron a oír los diferentes ruidos financieros en un lugar determinado del planeta. Luego toda esta situación provocó una reacción en cadena, propagándose rápidamente la mayor turbulencia económica de las últimas décadas.

Al abordar el tema de la Globalización especialmente en el área de la economía, podemos ver como nunca antes que toda ésta se estremece de continuo, haciendo caer el sistema económico no de una nación sino de todo el mundo, miremos algunos detalle y cómo todo esto comenzó en los últimos años.

1. Esta situación comenzó en el mes de julio de 1997, en Tailandia, cuando este país devaluó su moneda, quizás pocos se dieron cuenta, lo que esto representaría para la economía globalizada, ya que muchas eran las naciones que mantenían unas estrechas relaciones comerciales con dicho país.

2. Rápidamente las devaluaciones monetarias se extendieron por toda Asia, y los inversionistas comenzaron a llevarse los capitales. Japón también fue arrastrado de una forma impensable por esta recesión.

3. Tras la caída de los mercados bursátiles mundiales, el índice de bajada sufre su peor condición el 27 de octubre de 1997.

4. La crisis financiera se extiende a Rusia y su moneda cae, Moscú hace todos los esfuerzo intentando reestructurar su deuda, pero a pesar de todo queda como uno de los mayores deudores internacionales. Rusia lleva a un fondo de protección de Estados Unidos al borde del fracaso. La Reserva salva la situación e intenta evitar un desastre global.

5. Para ese mismo tiempo, Estados Unidos, preocupado por esta repercusión económica y pensando en que probablemente la economía en su nación quedaría detenida, la Reserva Federal baja las tasas de interés. El mercado de valores comienza a estremecerse por toda esta condición.

Desde el colapso de la moneda rusa o sea el rublo, hasta la casi quiebra del fondo de ayuda de los mercados de capital a largo plazo, reflejaron que el mundo económico es continuamente amenazado por la inseguridad e inestabilidad. Observando cada uno de estos detalles el sistema económico globalizado está marcando parámetros de preocupación mundial. De acuerdo a todo esto, se puede observar que la economía está siendo llevada hacia una baja humillante.

La mejor manera de comprender todo esto es observar detalladamente los acontecimientos económicos de los últimos años, mostrándonos como una serie de impactos que han entrado como si fuera una reacción en cadena.

Al caer la economía ponen en peligro la producción y las ganancias, debilitando la confianza de los ciudadanos de cada país.

A medida que la crisis global erosiona afectando las ganancias de las corporaciones, los precios de las acciones siguen cayendo. Si los gastos de los artículos de consumo siguen el descenso de las acciones, sería inevitable una mayor caída en la parte económica.

Veamos por un momento estas reacciones en cadenas: La primera fue Tailandia, devaluando su moneda el bah en el mes de julio de 1997. Pocos fueron los que lo notaron, después de todo Tailandia absorbía sólo el uno por ciento de las exportaciones de Estados Unidos. Pero otros países asiáticos, como Corea del Sur, Indonesia, Malasia y Filipinas, pronto le siguieron.

El capital extranjero de inversiones directas y compras de acciones comenzó a desvanecerse e ir a otros lugares. De esta forma los economistas de Estados Unidos intentaron solucionar este impacto para disipar este clima de temor, el Congreso debió aprobar la asignación de 18 mil millones de dólares para el Fondo Monetario Internacional. Ya que juntos estos países anteriormente mencionados compran el ocho por ciento de las exportaciones de Estados Unidos.

Japón también fue estremecido, porque casi cuarenta por ciento de su comercio es con el resto de Asia. La perdida de las exportaciones afectó su economía, llevándola a su peor recesión de posguerra.

Los problemas de sus bancos, gravados por más de quinientos mil millones de dólares en préstamos morosos, se profundizaron. Todas las recesiones asiáticas se nutrían entre sí.

Por otra parte la fuga de capitales afectó luego a toda América Latina y a Rusia.

Para evitar que los inversionistas convirtieran la divisa local en dólares, los países subieron la tasa de interés. En julio de 1997 las tasas de interés rusas a corto plazo alcanzaron cien por ciento.

Pero las altas tasas significaban un crecimiento económico más lento o un derrumbe, un colapso de la moneda, si a esto continúa la fuga de capitales, todo esto representaba los mismos peligros.

Así de esta manera la crisis económica asiática, se propagaba mucho más allá de algunos otros países, incluyendo Japón, América Latina y el antiguo Bloque Soviético, prácticamente la mitad de la economía mundial resultaba afectada.

El mercado de valores e importantes inversiones institucionales, fondos de protección, bancos de inversiones y bancos comerciales, sufren también los efectos de esta reacción en cadenas.

Los fondos de protección y otros enfrentan inmensas pérdidas por los impredecibles acontecimientos en los mercados internacionales.

El déficit comercial de Estados Unidos está aumentando, mientras las exportaciones disminuyen y otros países tratan de recuperarse vendiendo más a Estados Unidos.

Si los países en crisis no pueden vender al mercado de Estados Unidos, sus posibilidades se deteriorarán, y eso va a herir más la economía de Estados Unidos.

El Fondo Monetario Internacional proyecta que el déficit de cuenta corriente llegará a doscientos noventa mil millones de dólares en 1999, casi el doble de lo que fue en 1997.

Los bancos constituyen ahora un nuevo peligro; tras las pérdidas, podrían restringir las condiciones de préstamos y establecer una reducción del crédito.

En realidad todo esto podría empeorar si hay una depresión económica. Esto llevaría la economía a una deflación global. Desde el año 1997 los precios de las materias primas como son el petróleo, trigo, cobre, café y otros, han bajado del diez al cuarenta por ciento en los mercados internacionales. Esto perjudica a las naciones exportadoras de materia prima, a Rusia y México por el petróleo, a Brasil por el café, a Canadá por el trigo y a Chile por el cobre, esto es uno de los muchos ejemplos que podría citar con otras naciones.

El Fondo Monetario Internacional ya ha reducido enormemente las proyecciones del crecimiento económico mundial. Muchas economías que sufren de crisis están en virtual depresión.

El Fondo Monetario Internacional (FMI) agregó lo siguiente:

Los riesgos dijo, están predominantemente en la bajada y es posible un desenlace mucho peor.

Esto puede interpretarse como: *"No sabemos qué pasará y tenemos miedo".*

En un discurso pronunciado el 4 de septiembre de 1998, el presidente de la Reserva Federal de Estados Unidos, dudó que esta nación continuara siendo un oasis de prosperidad en un mundo con problemas. Algunos economistas piensan que es probable una depresión dentro de un futuro cercano. La Reserva Federal todavía parece muy preocupada ya que el bajo desempleo y los sueldos en alza lleven a una mayor inflación.

Los inversionistas globales fueron llevados por una conducta unificada, poniendo demasiado dinero en los países en desarrollo a principio de la década de los noventa y ahora retiran los fondos inesperadamente. La fuga de capital obliga a los países a aplicar altas tasas de interés o dejar que sus monedas se devalúen, cualquiera de estas medidas afectan sus economías, ya que una moneda inferior aumenta la inflación al subir el precio de las importaciones.

Si esto le sucediera a demasiados países, el comercio mundial estallaría hacia dentro porque muchos países están siendo confrontados por una depresión. Este es el mayor peligro actual, dentro del marco de una economía global e integrada. El Fondo Monetario Internacional calcula que el crecimiento del comercio mundial bajará. El problema de todo es que los inversionistas no mantendrán sus fondos en un país si piensan que una devaluación de la moneda es inevitable; eso significa una pérdida automática.

En las reuniones anuales del FMI y el Banco Mundial, los funcionarios trataron la forma en que se puede disipar este clima de temor, adoptando algunas medidas de ayuda para detener la crisis económica.

Por ejemplo Japón necesita recapitalizar su sistema bancario con fondos del Gobierno. Los bancos más débiles tienen que ser cerrados, y sus depósitos y préstamos buenos transferidos a instituciones que han sobrevivido. El gobierno absorbería las pérdidas de los préstamos impagados. Si los bancos continúan en su estado actual de crisis, éstos llevarán a reducir los préstamos, lo que determinarán que más empresas lleguen a quebrar y esta situación deterioraría aún más la economía y aumentaría la recesión en Japón, por lo que los consumidores y empresas japonesas también necesitan aumentar los gastos.

Todas estas situaciones hacen vislumbrar en el horizonte de la economía mundial, una recuperación muy debilitada en estos momentos. A pesar de la situación angustiosa por la crisis global, que viven las naciones, existe una falta de urgencia. Los japoneses han temblado por las reformas bancarias.

Los europeos por lo general no parecen tan preocupados a pesar de las diferentes amenazas al superávit comercial que han experimentado en lo que tiene que ver la expansión de sus economías.

El pensar que ellos también deberían bajar la tasas de intereses, ha sido descartada y puesta de lado por entender que estas medidas podrían ser un gran obstáculo para el desarrollo y estabilidad del euro.

Hoy por hoy existe un falso sentido de seguridad

Comentaba un reportaje que leía hace poco tiempo que Estados Unidos es la última pieza del dominó que está apuntando a la economía mundial, si esa pieza cae las repercusiones serían impredecibles.

Las repercusiones serían serias si el derrumbe de los mercados globales hace caer la economía. El mundo entero está moviéndose sobre un terreno de incertidumbre jamás explorado, ante la atenuante situación de una alarma conocida, como crisis económica.

El mayor deseo de las naciones es que están en búsqueda de mayor estabilidad, socioeconómica. Nadie puede negar que el mundo entero está gravitando en la incertidumbre y consecuentemente oprimido por el temor.

Todo esto hace pensar que todo lo que la Biblia hace tiempo nos había advertido con relación a los días que la humanidad viviría, lo está experimentando tal como a Dios le ha placido anunciarlo desde los tiempos antiguos.

Mientras las economías parecieran desmoronarse o desintegrarse, por otra parte la industria y las tecnologías actuales, por medio del llamado a la Globalización intentan establecer el único e integrado mercado universal, global o mundial. El mundo está en un continuo cambio y arreglo, todo lo que pareciera sólido y rígido, se deteriora, llevando a los hombres a enfrentar sus condiciones actuales.

Una crisis económica y financiera que comenzó en los bancos de Tailandia, se ha propagado rápidamente por Asia y de este continente a todo el mundo, provocando la caída de gobiernos como el de Indonesia, trayendo un estado de división en la Sociedad de la Información en nuestros días.

Todo lo que está aconteciendo hace pensar que en el clima de lo político, económico y aun religioso globalizados, irá cambiando de una forma imparable y alarmante. Todas las naciones son llevadas para abrir sus economías al libre mercado y generar un movimiento de capital. Hoy ya no es posible que una nación exista como tal a menos que esté dentro del marco de la Globalización.

Aparentemente pareciera que nadie controla la economía global, sino que más bien es un llamado a todas las naciones a ser parte de este conglomerado sistema.

Un mundo lleno de incertidumbre e inestabilidad, es la parte esencial para el establecimiento de la marca en un futuro

El contagio de la tan elogiada economía global, ha sido afectada por lo que ha provocado las crisis Asiática y Rusa, todo esto ha estremecido a muchos de los mercados, incluso de América Latina y que amenaza con extenderse a las naciones industrializadas, si no se encuentran rápidas soluciones, lo que para muchos parece poco probable.

Tal situación tiene preocupados a todos los presidentes de las diferentes naciones, convirtiendo el tema económico como el tema más preocupante desplazando cualquier otro tema de agenda. Hay un estado progresivo de temor, aun en el Fondo Monetario Internacional, ya que la situación económica está arrastrando a la incertidumbre a muchos países, lo cual sería desesperante para todos los continentes de la tierra. Este organismo llegó a decir que los fondos de ayuda están prácticamente agotados, por la consecuencia de haber ayudado en rescate a las economías asiáticas y rusas.

Lo mismo sucede en el resto de los países del mundo, en medio de toda esta situación, los humanos se sienten cada vez más inseguros, con mayores temores y en estado de preocupación.

No es esto lo que Jesucristo habló, estableciendo el estado en que los humanos vivirían en los últimos días.

Entonces habrá señales en el sol, en la luna y en las estrellas, y en la tierra angustia de las gentes, confundidas a causa del bramido del mar y de las olas; desfalleciendo los hombres por el temor y la expectación de las cosas que sobrevendrán en la tierra; porque las potencias de los cielos serán conmovidas.

Lucas 21:25-26.

¿Te das cuenta en qué forma viene gestándose todo? es una manera perfecta en que vemos a diario el cumplimiento de la Palabra revelada de Dios.

Capítulo siete

La Globalización en el marco profético

La globalización de la economía mundial está uniendo a las naciones en distintos continentes del mundo en grandes mercados internacionales. Esto está ocurriendo en los diferentes niveles de información, producción, tecnología, economía, política y religión.

El planeta tierra convertido en una gran aldea global, hace posible que hoy se pueda viajar a cualquier parte del mundo, tener computadora personal en el hogar y acceder a redes como Internet, por sistemas de cable recibir la señal del noticiero CNN o BBC de Londres, y poder leer Newsweek, Time o el Finantial Times al mismo tiempo que sale a la venta en Nueva York, Londres o Tokio.

No existen distancias en el proceso de la información, los noticieros con corresponsales en todo el mundo brindan reportajes de último minuto transmitidos por vía satélite. Las redes de información interactuando en millones de computadoras ofrecen noticias de actualidad provista directamente de las agencias de noticias nacionales e internacionales.

Todos estos movimientos son parte de lo que se denomina Globalización.

La Globalización no es sólo la divulgación de la información y la posibilidad de moverse de un lado a otro del planeta, sino la realización de hechos más determinantes. Ahora las grandes empresas de los países industrializados pueden financiarse en las bolsas de valores de los principales centros financieros e incluso, utilizar los mercados de los países menos desarrollados.

De acuerdo a las informaciones del Banco de Ajustes Internacionales, a diario los mercados de divisas de todo el mundo transaban en abril de 1992 un promedio de 800 mil millones de dólares, es decir más de 20 veces el valor del comercio mundial. En estos momentos las transacciones se calculan a más de un billón de dólares diarios las inversiones directas de las empresas que establecen plantas de producción en el exterior.

La producción también es multinacional. Tomemos el ejemplo de un automóvil Toyota Corolla: los parachoques y las lámparas son fabricados en Tailandia y Malasia, los paneles del piso en Filipinas, el sistema de control digital en Japón, las partes son ensambladas en las plantas de Toyota en el Sudeste Asiático, Estados Unidos o Japón, y luego comercializadas a nivel mundial.

En el mercado de los sistemas computarizados no se puede decir claramente si una IBM es norteamericana, el armazón se fabrica en Malasia, los chips en Taiwan, las pantallas de cristal líquido en Japón.

Además, las principales empresas japonesas tienen plantas de producción en Estados Unidos, Europa y Asia.

¿Todos estos cambios significan Globalización?

La velocidad con que se transmite la información, la localización multinacional de las empresas, y la existencia de mercados financieros interconectados no definen por sí sola a la Globalización. En el sentido más liberal, la Globalización está definida por el libre flujo de bienes, servicios, capital y trabajo, no deben existir barreras a la inversión privada en ninguna de las naciones y los gobiernos.

El hablar de la Globalización en este tiempo, como todos los temas que Dios permite que abordemos, es considerar el mismo desde una clara y evidente visión profética. Grandes acontecimientos están sucediendo a diario en que pareciera que las fuerzas de las tinieblas quisieran apoderarse rápidamente de la Globalización, para perpetrar sus planes. Dios habla proféticamente en los Salmos diciendo de la manera siguiente:

Pídeme, y te daré por herencia las naciones, y como posesión tuya los confines de la tierra.

Salmos 2:8

Nunca en la historia se le dio jamás esta promesa a ningún rey, o sea la herencia de todas las naciones. Esta se cumplirá sólo en el Rey de reyes Jesucristo el Señor. Este es un salmo que muestra el deseo y voluntad de Dios para con su propio Hijo Jesucristo. El Padre eterno establece un principio, pídeme y te daré, no algunas naciones, sino todas.

Las profecías para el tiempo postrero declaran que las naciones estarán bajo el gobierno y reinado de Jesucristo. Bíblicamente Dios estableció un principio por medio de las profecías de Isaías, que la verdadera y genuina Globalización la establecerá Él en forma perfecta y estable.

Acontecerá en lo postrero de los tiempos, que será confirmado el monte de la casa de Jehová como cabeza de los montes, y será exaltado sobre los collados, y correrán a él todas las naciones. Y vendrán muchos pueblos, y dirán: Venid y subamos al monte de Jehová,

LA GLOBALIZACIÓN Y EL CUMPLIMIENTO PROFÉTICO

a la casa del Dios de Jacob; y nos enseñará sus caminos, y caminaremos por sus sendas. Porque de Sión saldrá la ley, y de Jerusalén la palabra de Jehová. Y juzgará entre las naciones, y reprenderá a muchos pueblos; y volverán sus espadas en rejas de arado, y sus lanzas en hoces; no alzará espada nación contra nación, ni se adiestrarán más para la guerra.

Isaías 2:2-4

Lo que vio Isaías, hijo de Amós, concerniente al fin de las guerras y un reinado divino universal, es como una proyección de esperanza en el futuro. Evidentemente que todo esto entra en el programa de la agenda de Dios y es de tanta importancia, que lo revela al profeta en el tiempo antiguo. Dios mismo hace esta declaración que en los postreros días, el monte de la casa del Señor será establecido como cabeza de los montes; y vendrán a Él todas las naciones.

El programa de Dios llegará hasta su culminación total, no hay duda alguna que la Palabra del gran y único Dios se va a cumplir, Él mismo lo confirmará. Él vuelve a confirmarlo por medio del profeta Miqueas cuando dice:

Acontecerá en los postreros tiempos que el monte de la casa de Jehová será establecido por cabecera de montes, y más alto que los collados, y correrán a él los pueblos. Vendrán muchas naciones, y dirán: Venid, y subamos al monte de Jehová, y a la casa del Dios de Jacob; y nos enseñará sus caminos, y andaremos por sus veredas; porque de Sion saldrá la ley, y de Jerusalén la palabra Jehová. Y él juzgará entre muchos pueblos, y corregirá a naciones poderosas hasta muy lejos; y martillarán sus espadas en azadones, y sus lanzas para hoces; no alzará espada nación contra nación, ni se ensayarán más para la guerra.

Miqueas 4:1-3

Todo esto nos revela el acontecer de los últimos tiempos, sin duda alguna que el gobierno milenial de Jesucristo será el escenario para el cumplimiento de tales profecías. Dios vuelve a confirmarlo por medio del profeta Zacarías.

Alégrate mucho, hija de Sion; da voces de júbilo, hija de Jerusalén; he aquí tu rey vendrá a ti, justo y salvador, humilde, y cabalgando sobre un asno, sobre un pollino hijo de asna.

Y de Efraín destruiré los carros, y los caballos de Jerusalén, y los arcos de guerra serán quebrados; y hablará paz a las naciones, y su señorío será de mar a mar, y desde el río hasta los fines de la tierra.

Zacarías 9:9-10

Es de entender que esta profecía tiene dos aspectos en lo que concierne al tiempo, es el lapso que hay entre su primer advenimiento en forma humanizada a este mundo y su Segunda Venida visible, donde todo ojo le verá. Mientras la profecía del texto 9 ya se cumplió literalmente, no así el texto 10, esto tiene una relación directa a la Segunda Venida en el tiempo del fin.

Después de Jesucristo triunfar soberana y victoriosamente contra las fuerzas del anticristo y sus ejércitos, la profecía establece que no habrá más necesidad de carros de batalla, ni de caballos de guerra, ni nada que tenga que ver con ningún tipo de armamentos. Su gobierno y reino cubrirá toda la tierra. Es allí donde habrá una manifestación total y perfecta de la verdadera y genuina globalización del mundo. A través de las generaciones pasadas, presentes y futuras el Señor siempre ha tratado con la humanidad a pesar de que ésta se aleja más y más de Él.

En la antigüedad Dios determinó levantar un pueblo para sí llamado Israel, mas tristemente Israel también se distanció de Dios. Mas por medio de la redención de Jesucristo, establece un pueblo, de aquello que no era pueblo y es allí donde entramos gentiles y judíos para conformar la Iglesia de Jesucristo. Lo que Dios estableció se va a realizar, Él declaró que iba a establecer un monte haciéndolo cabeza de los montes y todas las naciones vendrán a ese monte, ésta será la verdadera Globalización y no lo que se conoce en términos actuales.

No es de extrañarnos que el diablo siempre pretenderá falsificar lo verdadero aunque por poco tiempo. Él de alguna manera sabía que en los postreros días Dios iba a llevar a cabo un plan de Globalización, mas él siendo un imitador anhela establecer eso antes que Dios, aunque será por un espacio limitado, y con un final de trágico desenlace.

Dios tiene su plan determinado de Globalización, entonces el diablo también quiere tener la suya. No podemos ignorar que todo esto está siendo llevado a cabo muy rápidamente.

Una herramienta efectiva que se está utilizando para ello es todo el avance de la gran tecnología informatizada, como ya lo he estado compartiendo. Hoy por todos los medios de información se habla sobre la urgente prioridad que el mundo tiene, para llevar a cabo el concepto de la unidad integrada de todas las naciones.

Hoy las condiciones están dadas, para que esto ocurra, y sea aceptado por todas las naciones. En medio de todo esto qué importante es escuchar la voz de Dios, diciéndonos:

> Así dijo Jehová: No aprendáis el camino de las naciones, ni de las señales del cielo tengáis temor, aunque las naciones las teman.
>
> Jeremías 10:2.

No es de asombrarse que hoy más que nunca, se escuchen llamados a salvar el planeta Tierra, otros a la madre naturaleza, surgiendo por doquier toda clase de movimientos extraños, místicos y exotéricos. Todas las naciones deben estar unidas con el sólo fin y propósito, de salvar el planeta, como indican las metas de este gran proyecto mundial y es necesario que todas las naciones sean participantes en este sistema o tenderán a desaparecer. Todos estos acontecimientos son señales del tiempo final y postrero.

Es evidente que el establecimiento de la única moneda europea es parte esencial dentro del mercado global. Ahora, todo indica que cada pieza va ubicándose en el lugar correspondiente establecido para esta hora profética.

La verdadera globalización que Dios establecerá en la tierra, va relacionado directamente con el reino milenial de Jesucristo. Este milenio que las profecías nos indican hablan de un período de paz, cuando la propia naturaleza vivirá en armonía, y el mundo disfrutará de algo nuevo y diferente.

El profeta Isaías habla de lo que acontecerá durante ese gobierno milenial.

> *Morará el lobo con el cordero, y el leopardo con el cabrito se acostará; el becerro y el león y la bestia doméstica andarán juntos, y un niño los pastoreará.*
>
> *La vaca y la osa pacerán, sus crías se echarán juntas; y el león como el buey comerá paja.*
>
> *Y el niño de pecho jugará sobre la cueva del áspid, y el recién destetado extenderá su mano sobre la caverna de la víbora.*

> No harán mal ni dañarán en todo mi santo monte; porque la tierra será llena del conocimiento de Jehová, como las aguas cubren el mar.
>
> Isaías 11:6-9

Sí es verdad, un día Jesucristo regresará a este mundo para mostrar a toda la humanidad cómo sería el mundo si el pecado nunca hubiese penetrado en el hombre. Ciertamente que habrá un gobierno global auténtico y de paz, pero éste será el que establezca sólo Él bajo su total dirección y señorío.

Capítulo ocho

El porqué de la marca en la frente

Antes de entrar en detalles de la marca, lee por un momento lo que establece Dios en el libro de Deuteronomio, capítulo 6, cuantas veces hemos leído este pasaje y no nos hemos detenido a pensar, cuando Él manda a su pueblo a colocar su palabra en la mano y en la frente.

Estos, pues, son los mandamientos, estatutos y decretos que Jehová vuestro Dios mandó que os enseñase, para que los pongáis por obra en la tierra a la cual pasáis vosotros para tomarla; para que temas a Jehová tu Dios, guardando todos sus estatutos y sus mandamientos que yo te mando, tú, tu hijo, y el hijo de tu hijo, todos los días de tu vida, para que tus días sean prolongados.

Oye, pues, oh Israel, y cuida de ponerlos por obra, para que te vaya bien en la tierra que fluye leche y miel, y os multipliquéis, como te ha dicho Jehová el Dios de tus padres.

Oye, Israel: Jehová nuestro Dios, Jehová uno es.
Y amarás a Jehová tu Dios de todo tu corazón, y de toda tu alma, y con todas tus fuerzas.

> *Y estas palabras que yo te mando hoy, estarán sobre tu corazón; y las repetirás a tus hijos, y hablarás de ellas estando en tu casa, y andando por el camino, y al acostarte, y cuando te levantes.*
> **Y las atarás como una señal en tu mano, y estarán como frontales entre tus ojos;** *y las escribirás en los postes de tu casa, y en tus puertas.*
>
> Deuteronomio 6:1-9.

Esto no está fuera del tema de la marca, si no todo lo contrario comprenderemos en qué forma siempre Satanás ha intentado transgiversar y mal usar aquello que Dios ha establecido para su pueblo y por qué razón el marcará a las personas en la mano o en la frente.

Esto es algo que Dios ha instituido en el antiguo pacto con Israel, y el diablo en un futuro establecerá la marca, poniéndola en el mismo lugar que el pueblo colocaba la Palabra de Dios.

> *Harás además una lámina de oro fino, y grabarás en ella como grabadura de sello, SANTIDAD A Jehová. Y la pondrás con un cordón de azul, y estará sobre la mitra; por la parte delantera de la mitra estará.*
> *Y estará sobre la frente de Aarón, y llevará Aarón las faltas cometidas en todas las cosas santas, que los hijos de Israel hubieren consagrado en todas sus santas ofrendas;* **y sobre su frente** *estará continuamente, para que obtengan gracia delante de Jehová.*
>
> Éxodo 28:36-38

En el libro de Apocalipsis se mencionan personas que tenían escrito en sus frentes el nombre de Jesucristo y de su Padre.

El porqué de la marca en la frente

*Después miré, y he aquí el Cordero estaba en pie sobre el monte de Sion, y con él ciento cuarenta y cuatro mil, que tenían el nombre de él y el de su Padre **escrito en la frente**.*

Apocalipsis 14.1

Estos textos indican, que Dios ha establecido que su pueblo aun en la antigüedad, colocaran parte de las Escrituras y los ataran en la frente y en la mano, para que pudieran ser visibles y la gente los pudieran ver y hacerles recordar bajo qué autoridad ellos estaban y a quién pertenecían.

Ahora recordemos lo que nos dice el capítulo 13 de Apocalipsis.

Y engaña a los moradores de la tierra con las señales que se le ha permitido hacer en presencia de la bestia, mandando a los moradores de la tierra que le hagan imagen a la bestia que tiene la herida de espada, y vivió. Y se le permitió infundir aliento a la imagen de la bestia, para que la imagen hablase e hiciese matar a todo el que no la adorase.

Y hacía que a todos, pequeños y grandes, ricos y pobres, libres y esclavos, se les pusiese una marca en la mano derecha, o en la frente; y que ninguno pudiese comprar ni vender, sino el que tuviese la marca o el nombre de la bestia, o el número de su nombre.

Aquí hay sabiduría. El que tiene entendimiento, cuente el número de la bestia, pues es número de hombre. Y su número es seiscientos sesenta y seis.

Apocalipsis 13:14-18

Esto nos revela que la preparación para que todo se lleve a cabo, está siendo acondicionado muy rápidamente, ese momento profetizado viene y no hay nadie que lo impida.

La Biblia dice que nadie, absolutamente nadie podrá comprar o vender a menos que las personas tenga la marca de la bestia, esto no muestra qué tipo de control se impondrá en el nuevo sistema de comercio y mercado global.

No es lo más importante el poder comprar o vender, el objetivo de la marca, más prioritario es que quien lo haga, indica a qué clase de autoridad y fuerza se ha sometido, para dar adoración, lo que quiero decirte que detrás de esta marca está, la adoración a Satanás, representado por el anticristo. Él permitirá que la gente compre o venda si tiene la marca, la misma será necesaria para todo el mundo, lo cual para ese tiempo ya estará en pleno funcionamiento el mercado global.

Satán siempre ha deseado esto, ser adorado, ésta fue la causa por la cual fue expulsado por Dios del cielo, anheló y ambicionó ascender a un lugar más alto. Esto lo llevó a la vanagloria, orgullo y ambición provocando un estado de rebelión en el lugar celestial.

Así lo declaró Dios por medio del profeta Isaías diciendo:

Descendió al Seol tu soberbia, y el sonido de tus arpas; gusanos serán tu cama, y gusanos te cubrirán.
¡Cómo caíste del cielo, oh Lucero, hijo de la mañana! Cortado fuiste por tierra, tú que debilitabas a las naciones.
Tú que decías en tu corazón: Subiré al cielo; en lo alto, junto a las estrellas de Dios, levantaré mi trono, y en el monte del testimonio me sentaré, a los lados del norte; sobre las alturas de las nubes subiré, y seré semejante al Altísimo.

Mas tú derribado eres hasta el Seol, a los lados del abismo.

Isaías 14:11-15

Dios vuelve hablar por medio del profeta Ezequiel y da una precisa descripción con referencia a esto.

En Edén, en el huerto de Dios estuviste; de toda piedra preciosa era tu vestidura; de cornerina, topacio, jaspe, crisólito, berilo y ónice; de zafiro, carbunclo, esmeralda y oro; los primores de tus tamboriles y flautas estuvieron preparados para ti en el día de tu creación.

Tú, querubín grande, protector, yo te puse en el santo monte de Dios, allí estuviste; en medio de las piedras de fuego te paseabas.

Perfecto eras en todos tus caminos desde el día que fuiste creado, hasta que se halló en ti maldad.

A causa de la multitud de tus contrataciones fuiste lleno de iniquidad, y pecaste; por lo que yo te eché del monte de Dios, y te arrojé de entre las piedras del fuego, oh querubín protector.

Se enalteció tu corazón a causa de tu hermosura, corrompiste tu sabiduría a causa de tu esplendor; yo te arrojaré por tierra; delante de los reyes te pondré para que miren en ti.

Con la multitud de tus maldades y con la iniquidad de tus contrataciones profanaste tu santuario; yo, pues, saqué fuego de en medio de ti, el cual te consumió, y te puse en ceniza sobre la tierra a los ojos de todos los que te miran.

Todos los que te conocieron de entre los pueblos se maravillarán sobre ti; espanto serás, y para siempre dejarás de ser.

Ezequiel 28:13-19

LA GLOBALIZACIÓN Y SU CUMPLIMIENTO PROFÉTICO

A partir de ese momento siempre ha pretendido que la gente le rinda adoración y él lo ha intentado de muchas maneras y formas, por esta razón la marca es el último de sus intentos más terribles llevados a cabo sobre el mundo.

Desde que la primera pareja fue engañada en el Edén, siempre él lo ha venido haciendo. Incluso tuvo la osadía y atrevimiento de tentar al Señor, diciéndole "todo esto te lo daré si estás dispuesto a adorarme", te das cuenta, dispuesto a entregarle todos los reinos de la tierra.

Jesús no sólo sabía a quién verdaderamente tenía que adorar, sino que conocía que Satanás siempre desde el principio de su caída fue un mentiroso y ladrón, ¿cómo se atrevía a ofrecerle todos los reinos de la tierra, si legalmente no le pertenecían, y los había robado?

Satanás tenía los reinos del mundo, y él estaba decidido a darlos al Señor Jesús para así tratar de acortar e impedir la misión expiatoria y redentora que tenía que llevar a cabo de acuerdo a la agenda profética de Dios, en favor de la humanidad perdida. Pero la profecía establece que un día todos los reinos de la tierra vendrán a ser de Jesucristo, porque sólo Él es el Señor de señores y Rey de reyes.

¿Cómo logrará Satanás que el mundo le adore? Imponiendo una marca, controlando la economía y no permitiendo que nadie viva a menos que la tenga.

Observemos de qué manera se viene preparando todo

Esto logrará ser llevado a cabo, por medio de la gran tecnología moderna, por eso es que hoy se puede hablar de biochip o microchip implantables en la mano derecha o en la frente.

Esto nos indica que este tipo de tecnología, funcionará un día llevando la marca de la bestia o el número de su nombre, esto será un acto de adoración, imitando por así decirlo a lo que Dios constituyó en el Antiguo Testamento, cuando Dios ordenó poner las Escrituras en la mano o frente, lugares que pueden ser detectado rápidamente.

Esta es la razón por lo que la Biblia establece que los que reciben la marca de la bestia, están condenados literalmente.

*Y el tercer ángel los siguió, diciendo a gran voz: Si alguno adora a la bestia y a su imagen, y **recibe la marca en su frente o en su mano**, él también beberá del vino de la ira de Dios, que ha sido vaciado puro en el cáliz de su ira; y será atormentado con fuego y azufre delante de los santos ángeles y del Cordero; y el humo de su tormento sube por los siglos de los siglos. Y no tienen reposo de día ni de noche los que adoran a la bestia y a su imagen, ni nadie que reciba la marca de su nombre.*

Apocalipsis 14:9-11.

No es el comprar y vender solamente lo que nos revela estos textos es algo más, es verdad el comercio está involucrando en todo esto, pero lo que condena a los humanos es la adoración.

¿Sabes lo que esto significa? que los que reciben la marca nunca podrán estar de pie ante la presencia de Dios, no habrá excusas como, "yo no sabía, alguien me la puso sin darme cuenta", "otro que conocía los detalles me mintió", "es que no podía decir que no, era el alimento de mi familia que estaba en juego", "sólo lo hice para poder comprar", cualquiera de estas expresiones y muchas más carecerán de valor.

Así de claro Dios lo establece, la marca es condenación y separación de Él por la eternidad. Mas para aquellos que estén apercibidos y preparados para ser parte de la Iglesia triunfante de Jesucristo, no serán sometidos a esta elección de la marca, ya que hay una promesa de escapar de todas estas cosas y de estar en pie delante del Hijo del Hombre.

Acontecimientos que sucederán cuando la marca esté a punto de ser establecida

Es importante resaltar que el libro de Apocalipsis nos declara que antes que comience a establecerse la marca, los ángeles comienzan a volar en los cielos, primero para sellar a los 144.000 de las doce tribus de Israel, estos ángeles también van a proclamar el evangelio o sea todo esto nos indica que habría una serie de acontecimientos. De modo que cada persona en el mundo tenga la opción para recibir o rechazar la marca, o sea que cada hombre y mujer sabrá lo que estarán haciendo, teniendo la elección de recibir la marca, en la frente o en la mano, además la alternativa de utilizar el nombre de la bestia o el número de su nombre. Será una declaración pública de lealtad y adoración al anticristo.

En ese día, esto significará vida o muerte para todos aquellos que tengan que hacer esta elección trágica.

¿Qué acerca de la marca?

La marca de la bestia aparece mencionada varias veces en el libro de Apocalipsis, son ocho veces que se repite esta palabra.

*Y hacía que a todos, pequeños y grandes, ricos y pobres, libres y esclavos, se les pusiese una **marca** en la mano derecha, o en la frente; y que ninguno pudiese comprar ni vender, sino el que tuviese la **marca** o el nombre de la bestia, o el número de su nombre.*

Apocalipsis 13:16-17

Y el tercer ángel los siguió, diciendo a gran voz: Si alguno adora a la bestia y a su imagen, y recibe la **marca** en su frente o en su mano ... y el humo de su tormento sube por los siglos de los siglos. Y no tienen reposo de día ni de noche los que adoran a la bestia y a su imagen, ni nadie que reciba la **marca** de su nombre.

Apocalipsis 14:9,11

Vi también como un mar de vidrio mezclado con fuego; y a los que habían alcanzado la victoria sobre la bestia y su imagen, y su **marca** y el número de su nombre, en pie sobre el mar de vidrio, con las arpas de Dios.

Apocalipsis 15:2

Fue el primero, y derramó su copa sobre la tierra, y vino una úlcera maligna y pestilente sobre los hombres que tenían **la marca de la bestia,** y que adoraban su imagen.

Apocalipsis 16:2

Y la bestia fue apresada, y con ella el falso profeta que había hecho delante de ella las señales con las cuales había engañado a los que recibieron **la marca de la bestia,** y habían adorado su imagen. Estos dos fueron lanzados vivos dentro de un lago de fuego que arde con azufre.

Apocalipsis 19:20

Y vi tronos, y se sentaron sobre ellos los que recibieron facultad de juzgar; y vi las almas de los decapitados por causa del testimonio de Jesús y por la palabra de Dios, los que no habían adorado a la bestia ni a su imagen, y *que no recibieron la marca en sus frentes ni en sus manos; y vivieron y reinaron con Cristo mil años.*

Apocalipsis 20:4

Debes de atender que la orden es colocar esta marca sobre todo hombre o mujer, sin importar la posición de autoridad o posición económica, ni el color de su piel. A fin de que ningún humano pudiese comprar o vender, excepto el que tenía la marca, o el nombre de la bestia, o el número de su nombre. Observe que es indistintamente, nos habla de una marca conteniendo el nombre o el número, todas ellas refiriéndose a lo mismo. Debo de recordar que en los antiguos tiempos el nombre de una persona tenía un valor numérico fijo.

Es preciso establecer que cuando hace algunos años muchos leían estos pasajes les parecía como algo irreal, es importante resaltar que después de aproximadamente 20 siglos, la veracidad de estos hechos proféticos están a punto de llevarse a cabo.

Hay muchas teorías con relación a cómo será la marca de la cual habla el libro de Apocalipsis. Para muchos se trata quizás de un simple tatuaje que puede ser visto, con el número 666.

Para entender completamente el significado, tiene que recordar que el Nuevo Testamento fue escrito en griego. La palabra, marca de acuerdo a lo mencionado en Apocalipsis 13, viene de la palabra griega *charagma*, la raíz del significado viene de la palabra *charasso*, que significa grabar.

La palabra *charagma* es un sustantivo griego en el neutro acusativo singular y es precedido por la preposición griega *epee*, que significa sobre.

La marca es realmente una incisión hecha en la capa inferior de la piel. Esto borra la idea falsa común que la marca de la bestia es un tatuaje visible. Para entender esto en forma detallada mira por unos momentos el avance de los grandes adelantos de la tecnología computarizada, y entenderás más claramente lo que la Biblia quiere decirte.

Al doctor Daniel Man se le concedió una patente para desarrollar un microchip que se colocará bajo la piel. El propósito indicado era de que esto iba a hacer el final del secuestro y del terrorismo, y como cada individuo se podría localizar exacta e inmediatamente en el lugar donde se encontrara.

Debo de establecer que la tecnología en sí misma no tiene nada de malo, pero puestas en un futuro en las manos incorrectas, se convertirá en un estado de maldición para el propio hombre.

Más, ¿te has puesto a pensar qué hubiera sido eso en las manos de A. Hitler, teniendo una capacidad similar del microchip de la identificación de la vigilancia y el control a su entera disposición? ¿Te has puesto a pensar qué será esto en las manos del hombre de pecado o de iniquidad, como lo menciona las Escrituras?

Actualmente ya existe esta plaqueta computarizada del tamaño de un grano de arroz, esta plaqueta computarizada puede contener toda la información de cualquier individuo y es autorecargable. Se sobrecarga con el calor del cuerpo humano, después que los investigadores han gastado un millón y medio de dólares, decidieron que los mejores lugares para implantar esta plaqueta, sería en la mano derecha o en la frente.

¿Te das cuenta microchips implantables del tamaño de un grano de arroz y que no necesitan baterías especiales, teniendo un número preprogramado, incrustado todo en cristal, pudiéndose insertar bajo la piel de la persona con una aguja hipodérmica especial?

La persona apenas podría darse cuenta que está allí, aunque todos los dispositivos de exploración sabrán dónde

LA GLOBALIZACIÓN Y SU CUMPLIMIENTO PROFÉTICO

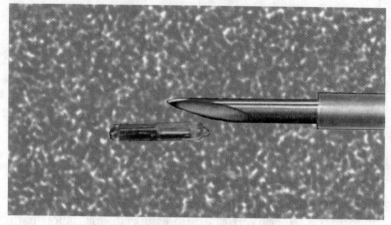

Chip e inductor dentro de una cápsula de cristal, de menos de 1/4 de pulgada de largo.

está y qué está realizando. Podría ser utilizado para comprar, para operar en cuentas bancarias, para tener derecho a entrar o salir de la ciudad.

En el futuro, podrían perfeccionar todo esto de modo que la persona pueda ir mientras tanto habituándose a utilizar la tarjeta inteligente, entre tanto se vaya acercando la marca.

Este tipo de tecnología avanzada y cada vez más perfeccionada, condicionará a las personas a depender de este sistema, todo esto es como un proacondicionamiento de la marca que viene.

La gran diferencia entre este tipo de tarjeta y la marca es que la primera, la persona la cargará siempre dondequiera, la segunda es que la persona ya marcada no podrá soltarla ni quitársela, porque la tendrá en su propio cuerpo.

Cuando la persona necesite comprar, pagar o hacer cualquier tipo de transferencia, irá a la computadora o el ordenador personal pasará su mano o su frente delante del mismo y se transferirá lo que la persona necesite en el dispositivo. Hasta podría encender el vehículo, o entrar a la casa, ya que todo será por medio de sistemas de codificación.

Todas estas alternativas operacionales serán posibles hacerlas con las Tarjetas Inteligentes, para luego sustituir éstas directamente por la marca, que es la inserción de un dispositivo de alta tecnología.

Estos avances crecientes y perfeccionados de la tecnología, es lo que en un futuro el anticristo necesariamente utilizará al asumir el control y gobierno mundial.

Este tipo de plaqueta u otra que posiblemente será más perfeccionada que la actual, será inyectada en la mano o en la frente de la misma manera que una inyección, contendrá 18 dígitos, la clave de área, además de los 4 dígitos extras y el número de seguro social, quemado sobre la plaqueta.

Estos 18 dígitos serán agrupados en tres grupos de tres, conteniendo cada grupo seis números, te das cuenta en qué forma tan perfecta se establece el cumplimiento de aquello que Dios revelará anticipadamente.

El doctor Sanders, uno de los ingenieros de esta plaqueta BT 952000, llamado emergencia de localizador de identificación comentó lo siguiente:

Yo creo que esta será la Marca de la Bestia.

El doctor Sanders pasa el tiempo viajando y previniendo a la gente de la venida de la Marca de la Bestia.

Todo estos nuevos mecanismos hacen que gradualmente la sociedad se haga a la idea de un sistema sin dinero, primero fueron cheques, luego tarjetas de créditos, luego nota de débito, luego tarjetas inteligentes y finalmente será una marca con el implantable *transponder* (radio faro de respuesta).

Esto va acondicionando la mente de los humanos para que vayan adaptándose progresivamente y piensen que es un buen sistema. Muchos son los que opinarían que con plaquetas implantables ya no tendrían que preocuparse por que les roben las tarjetas o que se les olviden, y al no tener con ellos dinero que pudieran robarle habría menos oportunidad de ser víctima del crimen, además de que todas las transacciones financieras tendrán un récord computarizado.

Esta tecnología de la identificación del microchip funciona de la siguiente manera:

Suponga que tienes un animal doméstico. Una aguja hipodérmica se utiliza para insertar el microchip sin dolor en el animal. Cada viruta de este microchip es del tamaño de un grano de arroz, tiene un número único que se puede leer con un explorador portátil. La información se salva en la viruta tal como la identidad del propietario, con la dirección, y los expedientes médicos del animal doméstico.

Por $25 puedes hacer que a tu animal le implanten este tipo de identificación. Info-Pet y otras compañías similares están comercializando ya este método. Si el animal se perdiera, por medio de un explorador pueden leer la viruta invisible y allí aparece toda la información.

Sabías que todo esto sencillamente es un prototipo de ensayo para luego implantárselo a los humanos, inclusive ya se está pensando implatarles a los niños, ancianos y presos un dispositivo de exploración, lo cual hará posible conocer su localización exacta siempre.

Una pregunta formulada en un centro médico, fue la siguiente: ¿Qué pasaría si la concentración del litio en el microchip causara algún dolor o si este comienza a funcionar mal?

La respuesta fue que provocaría un dolor muy fuerte a causa de los estados del inversor de corriente, la Biblia habla de esto en forma precisa.

Fue el primero, y derramó su copa sobre la tierra, y vino una úlcera maligna y pestilente sobre los hombres que tenían la marca de la bestia, y que adoraban a su imagen.

Apocalipsis 16:2

Todo esto está siendo llevado a cabo, para establecer lo que hoy se llama la sociedad futura del mundo, diciendo que la viruta de la identificación será inevitable en el futuro.

Tatuaje programable

Hay algo más con relación a esto que quisiera mencionar. Es evidente que estamos acercándonos más a este control, de tal manera que si el anticristo tomara su lugar hoy, podría hacer lo que él necesita hacer.

Existe hoy un "tatuaje programable" que se puede poner bajo la muñeca y que se muestra en un panel de visualización del LCD que puede servir como reloj para decir el tiempo, o dar informes sobre las funciones vitales como la presión arterial o la cuenta de la insulina o cualquier cosa que la persona necesita saber sobre su estado de salud.

La gente que tiene las patentes de este sistema es una compañía llamada Interval Research Corporation. Quizás no estés muy al día, ni has oído hablar probablemente de ella, pero se están haciendo muchos estudios con respecto a todo esto. Se dice que incluso, no saben lo que desean hacer con esto todavía.

Todas las cosas que están haciendo y sucediendo ahora, se están guardando para un tiempo específico, en que probablemente serán puestas en pleno desarrollo y en servicio para todas las personas.

¿Serán puestos en desarrollo quizá en pleno accionar cuando la marca de la bestia esté lista?

¿Cuál es el trasfondo de todo esto?

¿Debemos acaso atemorizarnos o desesperarnos ante todo esto que estamos viendo? Te aconsejo que continúes viendo de cerca el acontecer de la profecía cada día, y te animo para que seas un fiel lector y estudioso de la Biblia, porque sólo de esta manera podrás estar preparando y apercibido para lo que viene.

Si el tema de la profecía te motiva, porque sabes que la Biblia es el único libro confiable e infalible, que te va mostrando en forma detallada lo que está pasando y pasará en este mundo, adelante continúa haciéndolo, porque te será de bendición para tu vida y seguridad en tu futuro y destino eterno.

El Señor de toda gracia y poder te dirija a emplear bien tu tiempo y te dé mayores fuerzas cada día para estar preparado ante su venida. ¿Estás percibiendo en qué tiempo estás viviendo, y hacia dónde te estás encaminando?

Qué importante es que determines ahora mismo qué vas hacer con tu vida. Seguir divagando por las sombras fugaces de los placeres inmorales y pecaminosos de esta vida, o decidir de una vez y para siempre afirmar tu vida en Dios y su presencia.

Ahora tienes una gran oportunidad, frente a ti hay dos alternativas, la primera que tienes ahora es de aceptar a Jesucristo en una forma voluntaria, reconociéndole como tu Señor y Salvador.

De lo contrario si no lo haces un día tendrás que enfrentarte al hombre de iniquidad, quien se levantará como un emperador global, y exigirá que todo el mundo lo adore y para mostrarle tu lealtad, tendrás que recibir su marca.

Todo está siendo encaminado a lo que la Biblia nos ha indicado, con relación a la marca de la bestia, que los hombres podrán ver y experimentar algún día.

Todo está siendo preparado rápidamente

Cuan importante es que puedas observar en qué manera se viene preparando todo esto, por intermedio de la capacidad y adelantos de la tecnología informática. Sólo atrévete a dar un rápido recorrido por las páginas de las autopistas de la información y entenderás lo que quiero decirte.

Dios declara a través del profeta Daniel lo siguiente:

Pero tú, Daniel, cierra las palabras y sella el libro hasta el tiempo del fin. Muchos correrán de aquí para allá, y la ciencia se aumentará.

Daniel 12:4

Es de notar que hay dos señales proféticas a cumplirse, en el tiempo postrero muchos correrán de aquí para allá y la ciencia será aumentada.

El ir de aquí para allá, siempre hemos entendido que tiene que ver en la forma en que las personas se mueven constantemente hoy más que nunca, utilizando los avanzados sistemas de transportación, lo cual nos permite estar de un lado a otro del mundo en cuestión de horas, todos somos testigos y participante en toda esta realidad.

Sin embargo algo que nunca Daniel podía haber pensado, que para este tiempo la humanidad entera llegaría a poder comunicarse en forma tan rápida que en sólo unos segundos podríamos acceder a cualquier parte del mundo, hablar con la persona que quisiéramos y verla sin importar la distancia, tener todo tipo de información mundial de cualquier tema que fuera, con sólo el accionar de apretar una tecla de la computadora.

Hoy es posible todo esto por medio de las autopistas de información en el espacio cibernético, llegar a cualquier lugar del planeta Tierra y tener millones de informaciones a la vez.

No es acaso notorio que cada vez son más los millones de humanos que están corriendo de aquí para allá en forma tan acelerada, en esto que hoy en día se llama la revolución de la tecnología.

La tecnología mantiene al mundo interconectado, por medio de fibras ópticas, éstas pueden suplantar 100.000 líneas telefónicas convencionales, lo cual hace posible que el Internet sea el engranaje principal de la información, aumentando cada día su potencia y rapidez en el procesamiento de la misma.

Ahora ya se está trabajando en una nueva generación del Internet, llamada Internet II, la cual se conoce como la red de máxima velocidad, haciéndola 40.000 veces más rápida que la actual.

Este nuevo sistema de Internet ya está siendo utilizado en la etapa de ensayos preliminares, lo cual trabaja a una velocidad de 1.5 millones de dígitos binarios por segundo, cuando ya sea utilizado por los usuarios que lo desean, las velocidades alcanzarán 2.5 millones de dígitos binarios por segundo. En esta velocidad la nueva red podría trasmitir el contenido de dos bibliotecas públicas por segundo.

Por otro lado desde el comienzo de este nuevo milenio 2000 ya es posible operar con las redes sin hilos, ya que más de 800 satélites, lanzados al espacio están siendo utilizados solamente para las conexiones de Internet, llegando a utilizar el lema de "Internet en el cielo".

Es más, las redes en las autopista de información, no serán limitadas por los cables de fibras ópticas o cables coaxiales. Las redes sin hilos con más 800 satélites ubicados en 21 órbitas, con más de 40 satélites por órbita, traerán el Internet al comenzar el año 2000, siendo completamente funcional dentro de muy poco tiempo.

Es como una red inalámbrica grande alrededor de la tierra, esto significa que dondequiera una persona esté con un comunicador informático, o sea una computadora, podrá comunicarse con cualquier persona al otro extremo de la tierra, aunque esté en dos polos opuestos del mundo o en distintos continentes.

El que la marca conforme a la profecías sea impuesta en forma global, los mecanismos de toda esta tecnología y rapidez en la información tiene la parte determinante y decisiva para el logro de la misma.

Ya existen las pautas e indicios de que esta marca, será implantada, el anticristo la establecerá obligatoria, él usará esta marca para controlar a sus seguidores.

El comercio, la compra y la venta estarán basadas en esta marca, ¿no es acaso lo que estamos viendo imponerse con mayor intensidad con relación al comercio electrónico? La economía durante los tiempos del anticristo no utilizará dinero en efectivo, es lo que he venido diciendo, sino electrónico.

Para lograr esto, los mercados internacionales y los sistemas bancarios, que cada día se están fusionando cada vez más, tendrán que ser colapsados, lo cual dará lugar a que se establezcan nuevos y diferentes sistemas jamás utilizados. Esto dará lugar a un nuevo sistema bancario en la economía mundial, ya hay movimientos de toda esta preparación.

La marca servirá más que para un propósito económico, será el instrumento para forzar a la gente a seguirle y obedecerle. Esta es la razón porque la implantación de esta marca debe ser absolutamente evitado por aquellos que lamentablemente se queden en la tierra. Sin embargo los que no tengan esta marca serán perseguidos y asesinados.

Al enemigo le será fácil establecer la marca en la frente o en la mano derecha, porque anteriormente ya habrá tomado la mente de los incautos. El espíritu de seducción junto con el de apostasía serán los que se manifestarán fuertemente antes de la Segunda Venida prometida del Señor Jesucristo en Gloria.

El espíritu de seducción es el que actuó en el Edén a través de la serpiente antigua, el cual engañó a Eva, de la misma manera engañará a la humanidad. Lo primero que se asegurará es de tener bajo su poder a los gobernantes, a todo hombre que esté en autoridad, y de esa manera poder ejercer con más fuerza el control total sobre todo el mundo.

Tiempos de determinantes decisiones vienen donde habrá una marcada diferencia, no se podrá mantener una posición intermedia. Por lo tanto si tú eres un cristiano que hasta el momento no has tomado una total responsabilidad de obediencia delante de Dios, te invito para que no continúes claudicando en tu mente con diversos pensamientos, sino que te atrevas afirmar tu vida en la fidelidad y credibilidad a lo que te advierte la Palabra de Dios.

Anhelo que una señal profética de la revelación de Dios sobre este tiempo sea derramada sobre tu vida.

Capítulo nueve

Sellado por Dios o alcanzado por la marca

Esta es una pregunta interesante ¿sellado o marcado? La Biblia nos menciona mucho a cerca del sello de Dios, lee lo que dice el libro de Apocalipsis con respecto a los judíos que serán sellados por Dios.

Si damos un vistazo a través de los tiempos vemos como el enemigo o serpiente antigua ha sido un imitador de los misterios de Dios. Siempre ha intentado obstaculizar los planes o propósitos de Dios, tomando sus propias ventajas, algo así como tratar de adelantarse al programa de la agenda divina, aunque queda demostrado que cada vez que lo ha intentado ha fracasado.

La profecía revelada por Dios mismo al apóstol Juan, nos habla de seres humanos que fueron sellados en sus frentes para ser guardados y protegidos durante el período que se desataría sobre la tierra antes de sonar las trompetas de juicio.

De acuerdo a la revelación profética, se le concede poder a cuatro ángeles para poder dañar a la tierra y al mar.

Después de esto vi a cuatro ángeles en pie sobre los cuatro ángulos de la tierra, que detenían los cuatro vientos de la tierra, para que no soplase viento alguno sobre la tierra, ni sobre el mar, ni sobre ningún árbol.

Vi también a otro ángel que subía de donde sale el sol, y tenía el **sello del Dios vivo;** y clamó a gran voz a los cuatro ángeles, a quienes se les había dado el poder de hacer daño a la tierra y al mar, diciendo: No hagáis daño a la tierra, ni al mar, ni a los árboles, hasta que hayamos **sellado** en sus frentes a los siervos de nuestro Dios.

Y oí el número de los **sellados**: ciento cuarenta y cuatro mil **sellados** de todas las tribus de los hijos de Israel.

Apocalipsis 7:1-4

Este sello de protección se le otorga a los escogidos del pueblo de Israel que vivirán durante la gran tribulación, en la tierra.

Y se les mandó que no dañasen a la hierba de la tierra, ni a cosa verde alguna, ni a ningún árbol, sino solamente a los hombres que no tuviesen el **sello** de Dios en sus frentes.

Apocalipsis 9:4

Aquí vemos un trato especial de Dios con el remanente de Israel que está sobre la tierra en los tiempos del fin, y la promesa de los que serán sellados.

De la tribu de Judá, doce mil sellados. De la tribu de Rubén, doce mil sellados. De la tribu de Gad, doce mil sellados.

De la tribu de Aser, doce mil sellados. De la tribu de Neftalí, doce mil sellados. De la tribu de Manasés, doce mil sellados.

De la tribu de Simeón, doce mil sellados. De la tribu de Leví, doce mil sellados. De la tribu de Isacar, doce mil sellados.

De la tribu de Zabulón, doce mil sellados. De la tribu de José, doce mil sellados. De la tribu de Benjamín, doce mil sellados.

Apocalipsis 7:5-8

Este número representa la integridad del remanente que quedará preservada para bendición a través de la gran tribulación, siendo portadores del testimonio y del sello del Dios eterno.

Mientras la iglesia de Jesucristo esté en la tierra todos los que son salvos, lo serán por medio de su gracia redentora, siendo parte de su iglesia.

La iglesia tiene que estar ya ausente durante la última semana, porque del remanente de Israel, Dios determina sellar 144.000 judíos.

El hecho es que Dios está tratando específicamente con Israel en una relación personal, y enviando a estos sellados como representantes especiales a las naciones, en lugar del testimonio de la Iglesia, esto indica que la misma ya no está sobre el escenario de este mundo.

La Iglesia quien ha sido sellada por Dios a través del Espíritu Santo, ya no estará aquí en la tierra, la razón importante por la cual Satanás se vuelve contra Israel, sólo puede ser explicado por la ausencia de la Iglesia.

Este sello es anterior a la marca de la bestia

Justamente el sello que trae el ángel que sube por el horizonte, es el sello de Dios para proteger a los escogidos que están sobre la tierra de los cuatro ángeles designados para hacer daño a la misma.

Este ángel sale de donde sale el sol, es decir de donde viene la luz, el Eterno resplandor o amanecer divino trayendo bendición desde la misma presencia de Dios, esto es declarado por el profeta Malaquías:

Mas a vosotros los que teméis mi nombre, nacerá el Sol de justicia, y en sus alas traerá salvación.

Malaquías 4:2

Ciertamente este ángel traerá salvación y protección a todos los que temen su Nombre.

Ya Dios en el Antiguo Testamento menciona la palabra sello con relación a Israel, observa los textos siguientes:

*De obra de grabador en piedra, como grabaduras de **sello**, harás grabar las dos piedras con los nombres de los hijos de Israel; les harás alrededor engastes de oro.*

Éxodo 28:11

*Y las piedras serán según los nombres de los hijos de Israel, doce según sus nombres; como grabaduras de **sello** cada una con su nombre, serán según las doce tribus.*

Éxodo 28:21

*Harás además una lámina de oro fino, y grabarás en ella como grabadura de **sello**, SANTIDAD A JEHOVÁ.*

Éxodo 28:36

*Y labraron las piedras de ónice montadas en engastes de oro, con grabaduras de **sello** con los nombres de los hijos de Israel.*

Éxodo 39:6

*Y las piedras eran conforme a los nombres de los hijos de Israel, doce según los nombres de ellos; como grabaduras de **sello**, cada una con su nombre, según las doce tribus.*

Éxodo 39:14

El pueblo de Israel siempre ha estado familiarizado e identificado con el sello de Dios, desde un principio Dios establece esto.

Ata el testimonio, **sella** *la ley entre mis discípulos.*

Isaías 8:16

El apóstol Judas, en el versículo 8 nos habla de que en aquellos días los hombres rechazarían la autoridad. Eso nos habla de falta de temor hacia la autoridad tanto Divina como establecida por Dios en la tierra.

Este ángel también nos habla del sol de justicia que protege a aquellos que son sellados antes que los cuatro ángeles controlen las devastaciones que están por venir de los cuatro vientos de la tierra.

Desde el cielo se oye los números de los sellados doce mil por cada una de la tribu de Israel en total 144.000 sellados.

Queremos dejar bien clara la diferencia entre este último sellar de los siervos, al sello que es completamente diferente que los creyentes bajo el tiempo de la gracia tienen.

Este sello se realiza durante la gran tribulación y es una antesala de la marca que el anticristo pondrá a la mitad de la semana tal como describe el profeta Daniel. Es decir a la mitad de los últimos siete años, tres años y medio el anticristo marcará a toda la humanidad, todos menos aquellos que han sido sellados por el ángel que sube de donde sale el sol.

Se habla por última vez de la protección divina de Dios para los sellados. Al sonar la quinta trompeta se abre el pozo del abismo y suben como nube negra y espesa miles de demonios por así decirlo para atormentar por cinco meses a los hombres. Pero dice claramente:

> Se les mandó que no dañasen a la hierba de la tierra, ni a cosa verde alguna, ni a ningún árbol, sino solamente a los hombres que no tuviesen el **sello de Dios en sus frentes**.
>
> Apocalipsis 9:4

Aquí seguimos viendo la protección de Dios sobre su pueblo escogido y sellado. Dios hace una distinción y ordena sellar en la frente a los hombres que oren a Dios pidiendo misericordia por las abominaciones y maldades que hay en medio de la ciudad.

> Y le dijo Jehová: Pasa por en medio de la ciudad, por en medio de Jerusalén, y ponles una **señal en la frente** a los hombres que gimen y que claman a causa de todas las abominaciones que se hacen en medio de ella.
>
> Ezequiel 9:4

La protección divina para su pueblo fue una señal de su Pacto

> Y recibió la circuncisión como señal, como **sello** de la justicia de la fe que tuvo estando aún incircunciso; para que fuese padre de todos los creyentes no circuncidados, a fin de que también a ellos la fe les sea contada por justicia.
>
> Romanos 4:11

Dios hace un pacto con un hombre antes de formar a su pueblo. Antes de separarlo como especial tesoro, lo escoge y se revela a un hombre llamado Abram. Lejano él en su mente y sin conocer a Jehová tiene la revelación audible de:

Vete de tu tierra y de tu parentela y de la casa de tu padre.... a la tierra que te mostraré.

Génesis 12:1

Aquí vemos tres conexiones humanas que Abram tiene que desconectarse totalmente, porque su vida iba a cambiar totalmente.

La tierra sería nueva y profética, eso significaba que tenía que olvidarse de las costumbres y tradiciones que por años se había adaptado.

Al nacer en cierto país, vivir allí y relacionarnos con la gente, se nos impregnan las costumbres, el hablar y nos identificamos con ese "pedacito de tierra" de igual manera para Abram, mas éste tenía que cortar en su mente y corazón con aquellos que quedaba atrás.

Ahora comenzaba a ser ciudadano proféticamente de una nueva tierra, el cual sería por las edades eterna. La antigua Salem que tiempo después pisaría se tornaría en el centro de la atención y del poder.

Todo lo que pisare la planta de tus pies será tuyo. Tiene que dejar la tierra de idolatría para ir por el camino de fe a la Tierra prometida que Dios le mostraría.

Paso a paso Dios le iría cambiando la mente y el corazón. *Vete de tu tierra* era el primer paso a tomar, de tu parentela el segundo. Eso significaba que Dios le iba a dar un nuevo apellido. Él sería el principio de una nueva generación. Sería el Padre de una gran y única familia, *una nación*.

Vete de la casa de tu Padre. Tu parentela a partir de ahora será otra, estas serán las cosas nuevas que te sucederán:

- Nombre nuevo.
- Tierra nueva.
- Perspectiva nueva.
- Mente nueva.

LA GLOBALIZACIÓN Y SU CUMPLIMIENTO PROFÉTICO

- Visión nueva.
- Futuro nuevo.

En una tierra idólatra El Dios ELHOLIM llama con Promesa y con Pacto de Alianza y tratado. Este pacto cubriría todas las necesidades tanto:

- Físicas
- Espiritual
- Material
- Presente
- Futuro

El sello de Dios para la Iglesia de Jesucristo

De igual manera Dios establece hoy para nosotros una gran promesa en relación a su sello.

Pero el fundamento de Dios está firme, teniendo este **sello:** *Conoce el Señor a los que son suyos; y: Apártese de iniquidad todo aquel que invoca el nombre de Cristo.*

2 Timoteo 2:19

En él también vosotros, habiendo oído la palabra de verdad, el evangelio de vuestra salvación, y habiendo creído en él, **fuisteis sellados con el Espíritu Santo de la promesa,** *que es las arras de nuestra herencia hasta la redención de la posesión adquirida, para alabanza de su gloria.*

Efesios 1:13-14

La palabra arras en este texto significa "deposito", tiene que ver con el pago inicial o de entrada. El sello de Dios es el título de una total y absoluta garantía otorgada por Él mismo, haciéndonos saber que Él es nuestro Señor ahora y siempre.

Esto también tenía que ver en un término comercial que indica entrega de dinero en garantía, o sea una parte del precio de lo comprado que ha sido pagado por adelantado, la cual garantiza la total pertenencia.

Es por lo tanto el Espíritu Santo el sello de la promesa de nuestro destino eterno, el cual es el cielo, es sólo ese sello el que nos da evidencia anticipada o garantía total de todo aquello que vendrá en un futuro.

Y no contristéis al Espíritu Santo de Dios, con el cual **fuisteis sellados para el día de la redención.**

Efesios 4:30

Contristar tiene que ver con causar heridas o angustias, es el verdadero sentir que experimenta el creyente cuando de alguna manera la desobediencia intenta alojarse en su vida.

El hecho de sellar constituía una acción legal por lo cual se confirmaba un acto de entrega, por otra parte se establecía como testimonio o prueba de genuinidad.

Y el que nos confirma con vosotros en Cristo, y el que nos ungió, es Dios, el cual también nos ha **sellado,** *y nos ha dado las arras del Espíritu en nuestros corazones.*

2 Corintios 1:21-22

Es Dios quien sella cuando algo le pertenece a Él, es el Espíritu Santo mismo que sirve como garantía divina, que lo que ha comenzado lo terminará. El sello en el mundo espiritual nos identifica como propiedad de Dios, dándonos el Espíritu Santo la total evidencia que somos adoptados como Hijos de Dios.

Las cartas y todo tipo de documento se legalizaban y autenticaban mediante un sello.

Por otra parte se dice, que los cofres, jarras, sepulcros y lugares donde no se debía entrar o abrir, recibían el sello de la autoridad correspondiente.

*Entonces ellos fueron y aseguraron el sepulcro, **sellando** la piedra y poniendo la guardia.*

Mateo 27:66

*Y fue traída una piedra y puesta sobre la puerta del foso, la cual **selló** el rey con su anillo y con el anillo de sus príncipes, para que el acuerdo acerca de Daniel no se alterase.*

Daniel 6:17

*Y vi en la mano derecha del que estaba sentado en el trono un libro escrito por dentro y por fuera, **sellado** con siete **sellos**.*

Apocalipsis 5:1

El sello es manera de establecer indicar lo que le pertenece a Dios, sólo los creyentes fieles a Jesucristo reciben el sello, en base de su fe en el único Salvador del mundo, quien murió y resucitó para nuestra justificación y preservación.

Y esperar de los cielos a su Hijo, al cual resucitó de los muertos, a Jesús, quien nos libra de la ira venidera.

1 Tesalonicenses 1:10

Y el Señor me librará de toda obra mala, y me preservará para su reino celestial. A él sea gloria por los siglos de los siglos. Amén.

2 Timoteo 4:18

¿Qué es la marca?

En cuanto a la definición de la marca, tiene que ver en primer lugar con la palabra estigma, este término significa un tatuaje, una marca de hierro candente.

También está como ya lo he mencionado anteriormente la palabra *charagma*, equivale a la palabra grabado, está relacionado con el verbo estampar o imprimir.

La Biblia declara que la marca del anticristo, va a ser establecida en la mano o la frente de toda persona durante su gobierno mundial.

¿Por qué esta pretensión de marcar a la gente en la mano o frente?

La frente representa los deseos, la voluntad, mientras que la mano representa las actividades propias del ser humano. Esto establece que de alguna manera el poder de las tinieblas dejará sus huellas sobre todas las personas que se sometan a su sistema y por medio de esto imponer el máximo control global, jamás llevado a cabo por hombre alguno.

Es importante resaltar esta parte, si se considera que la frente es el centro de la voluntad y los pensamientos y la mano símbolo de aquello que el hombre hace, la marca por lo tanto es algo más que un dispositivo de gran tecnología.

Esto determinará en verdad con quién el ser humano establecerá una alianza. Él dejará sus marcas en los humanos haciéndole que le sirvan con sus mentes y acciones, aquellos que tengan su marca correrán su mismo destino.

Por esta razón es importante que seamos sellados por Dios ahora, porque si lo hacemos no serviremos al anticristo, y su marca tampoco será estampada en nosotros. Si nuestro pacto es con Dios no serviremos a ese terrible personaje.

Y vi tronos, y se sentaron sobre ellos los que recibieron facultad de juzgar; y vi las almas de los decapitados por causa del testimonio de Jesús y por la palabra de Dios, los que no habían adorado a la bestia ni a su imagen, y que no recibieron la marca en sus frentes ni en sus manos; y vivieron y reinaron con Cristo mil años.

Apocalipsis 20:4

En realidad hay una promesa para aquellos que deciden no dejarse poner la marca en aquellos días, mas hay una seguridad aún mayor, la misma es para todo aquel que en este tiempo profético, determina establecer una verdadera relación de amistad y comunión con Dios, por medio de Jesucristo.

Aquellos que deciden aceptar hoy a Jesucristo como su personal y verdadero salvador, pasarán a ser parte de la triunfante Iglesia, quienes no correrán la trágica desesperación de tener que hacer la elección de la marca, sino que sellado por Dios, por medio del pacto de la gracia, escaparán para vida eterna.

De ti depende el tomar una sabia decisión, ahora es el tiempo para que la unción del Espíritu Santo venga sobre ti y seas sellado, o de lo contrario la marca te alcanzará, no corras este alto riesgo, habiendo tenido la oportunidad que Dios te brinda hoy.

"Es ahora cuando tú mismo estableces tu futuro que es tu eternidad con Dios o tu eternidad sin Él".